AF469860

CAMPAGNE

RÉFORMISTE

DE 1847.

PARIS. — IMPRIMERIE ÉDOUARD PROUX ET Ce,
RUE NEUVE-DES-BONS-ENFANS, 3.

CAMPAGNE

RÉFORMISTE

DE 1847.

Par M. D. R.

Agitation pacifique !
Union ! légalité !
(RÉFORME).

Et quorum pars parva fui !

PARIS.
PAULIN, LIBRAIRE-ÉDITEUR,
RUE RICHELIEU, 60.

1848

Je présente au public un tableau très réduit du grand mouvement politique qui a agité la France en 1847. Je l'ai peint du point de vue de l'Opposition, c'est à dire avec sympathie, mais en toute indépendance. Je crois les banquets utiles à la liberté ; je les crois, à de rares exceptions près, favorables dans leur ensemble à l'ordre moral et au régime constitutionnel. J'ai cherché à le prouver. Quant à l'appréciation que je me suis permise des personnes et des partis, simple citoyen, je l'ai faite librement. Je me suis efforcé d'être juste pour les actes, bienveillant ponr les personnes. Il est possible de l'être, sans manquer aux principes.

Le lecteur jugera si j'ai atteint ce double but.

Paris, 24 Janvier 1848.

CAMPAGNE RÉFORMISTE

DE 1847.

La première campagne réformiste est terminée; ouverte à Paris par le banquet du Château-Rouge, elle a fait en six mois le tour de la France. Il est possible aujourd'hui de la juger : nous nous proposons de le faire, et pour cela d'en exposer l'origine, la marche et les résultats.

I.

On se souvient de l'accueil fait par le pouvoir et la Chambre à toutes les demandes de réforme politique. Depuis quinze ans, pas une législature, pas une session presque ne s'est écoulée sans qu'une pétition, ou l'initiative d'un député vînt réclamer soit l'extension des incompatibilités parlementaires, soit l'élargissement du cercle électoral. Tous les vœux, même les plus modestes, même échappés à quelque membre de la majorité, ont été invariablement repoussés. Quant aux raisons de cette résistance, elles ont varié davantage. D'abord et long-temps, ce fut le danger de retoucher une œuvre aussi jeune que la loi électorale de 1831 ; puis, la loi vieillissant et n'en appelant que mieux une réforme, ce fut la crainte, si naturelle aux fiers courages, de paraître céder à des adversaires. Enfin, la mesure étant reconnue bonne, ce fut le moment qu'on trouva mauvais. L'ajournement devint une question de cabinet. On retourna de cent façons le bienheureux argument de l'inopportunité, trouvé par contre toujours très opportun. On ne se sentait pas encore assez fort pour proclamer qu'on ne ferait aucune concession et que le mot « Rien ! » était le dernier du système, en fait de réformes politiques.

L'Opposition parlementaire n'avait-elle rien fait pour vaincre cette manie d'immobilité? Elle y avait épuisé et la lutte et la conciliation. Elle avait vu lui venir en aide, se ranger de son côté d'anciens partisans du pouvoir, qui, mieux éclairés sur les vrais périls du gouvernement représentatif, s'étaient faits, pour le sauver, les champions de la Réforme électorale et parlementaire. Leur concours n'en avait pas avancé le succès. La majorité avait saisi au vol cette superbe occasion de faire passer pour des manœuvres de parti toutes les propositions de réforme, et de tourner une question d'intérêt national en disputes de portefeuilles. Vinrent enfin les élections de 1846, qui, enlevées par une corruption effrénée, firent entrer à la Chambre, ce que la Restauration n'avait jamais offert, jusqu'à deux cents fonctionnaires publics. Une pareille invasion était, certes, un puissant argument, du moins, pour la Réforme parlementaire, et le ministère avait beau jeu à s'en autoriser au nom de la liberté du pouvoir et de sa propre responsabilité ; mais est-il *gouvernemental*, comme il s'en vante, autrement que de nom ? Dans ce fait monstrueux, qui effrayait ceux de ses amis restés indépendans, il ne vit à célébrer que la sanction de la grande politique et l'esprit de résistance aux réformes. La majorité des colléges électoraux étant à lui, ce qui était vrai en un sens, puisqu'il l'avait achetée, il se montra plus décidé que jamais à marcher, et la Chambre à le suivre dans cette voie rétrograde.

La longanimité de l'Opposition fut vaincue. Elle dut renoncer à tout espoir de rien obtenir du gouvernement ni des Chambres. Elle comprit que ce ne sont pas ceux qui vivent de la corruption qui peuvent être jamais tentés de la détruire. Elle conclut, enfin, que pour toute question de réforme le Parlement était un cercle vicieux, d'où elle devait sortir pour être résolue. Il lui fallait donc s'adresser ailleurs.

Dans le même temps, le parti radical subissait une nécessité d'un autre genre. Après avoir long-temps poursuivi par l'audace et par la force le progrès de ses doctrines, ce parti s'était aperçu que ce genre de prédication ne lui avait pas gagné la confiance publique. Cédant à de sages conseils long-temps méconnus, ceux qu'Armand Carrel et Garnier-Pagès lui donnaient dès 1832, il s'était résolu à ne plus faire appel qu'à la puissance de l'opinion, et à n'en provoquer désormais que l'expression légale. Le pouvoir et la Chambre lui surent peu de gré de ce retour à des voies meilleures. Sa pétition de 1840 pour la Réforme électorale, malgré ses cent mille signataires, obtint à peine les honneurs d'un semblant de discussion dans une demi-séance. On contesta, on déprécia les signatures, reçues peut-être sans trop de choix. Bref, il suffit que la pétition émanât du radicalisme pour qu'on se crût en droit de la repousser, au nom de la Constitution menacée. Le caractère illimité du principe électoral, qu'elle posait, la rendait d'ailleurs inacceptable pour beaucoup de réformistes moins avancés. Elle échoua donc sans grand honneur et sans retentissement dans le pays. La stérilité d'un pareil effort convainquit le radicalisme que, seul, il ne pouvait rien sur le Parlement ni le pays.

Ainsi, d'une part, l'Opposition constitutionnelle reconnaissait qu'elle n'avait à attendre des pouvoirs actuels aucune réforme politique. Elle était réduite à chercher ailleurs le salut du gouvernement représentatif. Faire appel au pays, à ses vrais sentimens, provoquer sa grande voix, faire peser la nation sur ses représentans, telle était la seule ressource qui restât à l'Opposition.

D'autre part, les radicaux renonçant à agir isolément, il leur fallait chercher en dehors d'eux-mêmes un appui et presque un patronage dans un parti plus accrédité, plus nombreux aussi, dont l'attachement à la Constitution ne fût douteux pour personne, et dont la tolérance pour toute opinion sincère ne demandât ni abjuration ni engagemens.

L'expérience et une saine intelligence de leur situation poussaient donc l'un vers l'autre et unissaient d'avance ces deux grands partis, puissans à divers titres, l'un par l'ardeur des convictions, l'esprit de prosélytisme, l'activité du dévoûment, et une affinité naturelle avec les masses ; l'autre, par sa haute position politique, la fermeté de sa conduite, la confiance des classes moyennes ; tous deux, enfin, par la valeur personnelle de leurs représentans dans le Parlement, la presse et le pays.

Telles étaient les nécessités et les tendances de l'Opposition constitutionnelle et du radicalisme, au commencement de 1847, lorsque parurent à peu d'intervalle, comme pour leur servir d'expression, et assurément sans que leurs auteurs se fussent donné le mot, les manifestes de MM. Carnot et Duvergier de Hauranne.

M. Carnot, que recommandaient sa fidélité aux traditions paternelles et la modération de son caractère, avait dit, en juillet 1846, dans une réunion électorale du sixième arrondissement de Paris : « La Charte, expliquée selon l'esprit qui régnait » au temps de sa promulgation, ne met point obs» tacle aux progrès démocratiques. En fait de » réforme électorale, il n'y a point de système » qu'elle repousse, il n'y a point de vœu si hardi » qu'elle ne puisse admettre : l'adjonction des ca» pacités, l'abaissement du cens, le suffrage uni» versel direct ou à deux degrés, rien de tout cela » n'est en contradiction avec la Charte. La liberté » de la presse, la liberté d'enseignement, la res» ponsabilité des ministres, les attributions du » jury, tout cela se trouve explicitement dans la » Charte.... Un seul triomphe de l'Opposition dans » la lutte électorale, mais un triomphe sérieux,

» suffirait donc pour amener les réformes démo» cratiques les plus urgentes. Ne serait-il pas in» sensé celui qui voudrait demander aux révolu» tions ce qu'il peut obtenir du simple vœu des » électeurs? » Ces paroles, sanctionnées par les applaudissemens de l'un des colléges électoraux les plus avancés de Paris, eurent pour commentaire la brochure : *les Radicaux et la Charte*. Dans cet écrit, M. Carnot témoignait franchement de ses sympathies toutes républicaines ; mais il n'hésitait pas davantage à professer, par respect pour la souveraineté nationale, une soumission sincère aux institutions de 1830, fondées avec l'assentiment général. N'admettant pas que la Charte fût incompatible avec les progrès démocratiques, il établissait que, pour avoir pensé le contraire et s'être placés hors de la Constitution, beaucoup de radicaux avaient retardé le triomphe de leurs doctrines, tandis que d'autres, « sans sortir du cadre » de la Charte, mais en la rajeunissant par une » interprétation toute légale, avaient étendu le » mouvement radical sans inspirer d'inquiétudes et » sans que les ennemis du progrès pussent conti» nuer d'en faire un épouvantail. » La conclusion théorique était que le parti radical pouvant trouver dans la Charte bien entendue les moyens d'atteindre son but principal, l'expression vraie de la volonté nationale et le gouvernement du pays par le pays, peut et doit former un parti politique « émi- » nemment constitutionnel. » Pour conclusion pratique, M. Carnot se déclarait prêt à accepter, comme un acheminement à ce but, toute extension de droits électoraux, si faible qu'elle fût et de quelque part qu'elle vînt.

Cette brochure justifiait la marche parlementaire des chefs modérés du radicalisme, et leur accord avec l'Opposition de gauche en fait de réformes politiques, malgré la portée plus grande de leurs vœux. Elle provoquait un pareil accord dans le pays. Il était là plus difficile à réaliser que dans le Parlement, la responsabilité morale des opinions étant moindre pour les simples citoyens, et la discipline à peu près nulle. Néanmoins et malgré quelques dissidences inévitables, tenant plus peut-être aux personnes qu'aux choses, cet appel fut entendu par la très grande majorité du parti radical. Ses principaux chefs en tête, il s'allia franchement à l'Opposition constitutionnelle, et se montra disposé à la suivre dans la campagne qu'elle méditait d'entreprendre.

M. Duvergier de Hauranne s'y était lancé déjà en éclaireur par la publication de son livre sur la Réforme parlementaire et la Réforme électorale. C'était, il ne s'en cachait pas et s'en justifiait d'ailleurs par l'exemple et les écrits de M. Guizot, un appel au public contre la Chambre, à l'opinion du dehors contre l'opinion du dedans. Rétablissant les vrais principes du gouvernement représentatif, il rappelait que, s'il a pour organe la royauté constitutionnelle, il a pour bases fondamentales un corps électoral pur, une Chambre des députés indépendante, et, pour principal ressort, le pouvoir parlementaire, pour dernier mot le pays. Puis il le montrait faussé et par la prédominance inconstitutionnelle de la Couronne et par la corruption électorale, double corollaire des abus d'une centralisation excessive. Tranchant dans le vif, il indiquait comme remède au mal une triple Réforme, administrative, parlementaire, électorale. Tout en précisant ses idées, mais sans en repousser d'avance aucune autre, il appelait sur ce terrain commun toutes les nuances de l'Opposition, faisant voir par les raisons et par les exemples que leur union y était légitime, praticable, et pouvait seule sauver le gouvernement représentatif. Il provoquait enfin le réveil de l'esprit public, gourmandait en maître les défaillances, les lâchetés de l'opinion, et se demandait comment l'Opposition n'avait pas encore dressé ses banquets en regard des banquets ministériels.

Ainsi, l'union de toutes les fractions du grand

parti libéral était indiquée par les enseignemens du passé, nécessitée par les exigences du présent : pratiquée déjà dans le Parlement, et quelquefois dans les élections, elle était prêchée par les caractères les plus éminens et les plus résolus; elle ne pouvait tarder à s'accomplir définitivement et à éclater dans le pays.

Paris devait en donner le signal. Son comité central d'élections était très propre à cette mission. Composé d'électeurs du centre gauche, de la gauche et de l'extrême gauche, délégués par les comités locaux des quatorze arrondissemens de la Seine, il était déjà par lui-même un modèle de cette union, et avait fourni plus d'un exemple de ses bons résultats. Le triomphe presque complet des candidats de l'Opposition de toutes nuances dans le département de la Seine en 1842 et 1846, les majorités croissantes obtenues par elle dans les élections municipales, dans celles des candidats aux mairies, et des officiers de la garde nationale, avaient été le fruit du bon accord et du sage esprit de conciliation entretenus par le comité central.

Une pétition fut rédigée qui, se fondant sur les vices nombreux et reconnus de la loi électorale de 1831, en demandait simplement la révision. Elle ne précisait pas les réformes à faire, ne bornant aucun vœu, mais ne dépassant aucune opinion. C'était agir sagement. Ainsi qu'on l'a dit depuis avec vérité (1) : « En s'asbtenant de poser » les limites de la Réforme, le comité laissait place » à toutes les adhésions comme à toutes les espé» rances, et manifestait sa tolérance pour toutes les » opinions, comme son respect pour tous les droits.»

Formulée en termes substantiels et convenables, adoptée par tous les comités locaux d'arrondissement de la Seine et de quelques départemens, approuvée par les chefs parlementaire de la cause réformiste, accueillie par la presse libérale, cette pétition emporta l'assentiment de toutes les nuances de l'Opposition.

Mais il fallait constater cette adhésion par une manifestation éclatante, qui retentit et se propagea dans le pays entier, donna le branle à l'opinion engourdie des départemens, et commença l'agitation pacifique et loyale pour la Réforme, comme le proclamait éloquemment le secrétaire du comité central (2). Un grand banquet fut décidé.

---

(1) M. Regnard, au nom des radicaux, au banquet de Valenciennes.

(2) M. Pagnerre ; discours au banquet du Château-Rouge.

II. MARCHE DU MOUVEMENT RÉFORMISTE.

Ce n'était pas chose nouvelle qu'un banquet. Bien des députés en avaient reçu de leurs commettans ou leur en avaient donné. Mais il s'agissait ici de mieux qu'un dîner d'électeurs. C'était un principe, un parti, un drapeau que l'on voulait fêter dans leurs plus illustres et dévoués défenseurs. C'était aussi une tribune que l'on voulait ouvrir aux orateurs de la Réforme. Depuis la Restauration, nulle réunion politique n'avait revêtu un pareil caractère. Mais puisque le gouvernement ramenait la France à cette époque, il fallait bien que l'Opposition y revînt aussi.

Ce furent le comité central et les électeurs de Paris qui organisèrent le banquet du Château-Rouge. Il était offert aux députés de toutes les nuances de la gauche qui s'étaient hautement prononcés pour la réforme électorale et parlementaire ; aux principaux rédacteurs des journaux de l'Opposition, aux représentans de la presse libérale des départemens, et aux présidens des comités électoraux de plusieurs villes voisines.

On sait quelle belle et imposante solennité a été le banquet du Château-Rouge. Douze cents convives, dont quatre-vingts députés, y représentaient la France libérale. Les bases de l'union réformiste y furent nettement posées et franchement acceptées par les chefs des grandes fractions de l'Opposition. « Nul désaveu, mais réserve entière des opinions » individuelles ; ne pas récriminer sur le passé, ne » pas anticiper sur l'avenir. Point de disputes sur » l'étendue de la Réforme, avant d'en avoir conquis » le principe, » et comme le dit avec son spirituel bon » sens M. Duvergier de Hauranne, « point de que- « relle de ménage sur l'avenir de l'enfant à naître, » avant de l'avoir mis au monde et vu quelque « peu grandir. » Tel fut le mot d'ordre proclamé au Château-Rouge, adopté depuis et suivi presque partout ailleurs.

L'autorité avait essayé de faire avorter cette grande manifestion par des tracasseries de police. Mais elle avait dû céder devant l'intervention d'hommes publics, dont le caractère était une garantie d'ordre, et dont les doctrines, notoirement constitutionnelles, ne pouvaient fournir de prétexte à un refus officiel. On avait précédemment entravé par de pareils moyens et finalement interdit d'autres banquets, celui par exemple que les électeurs du Mans avaient voulu donner à M. Ledru-Rollin, leur député. Ce nom seul avait suffi pour autoriser la violation d'un droit public, sans que l'opinion s'en émût beaucoup. N'ayant pas la même prise sur MM. de Malleville, Duvergier de Hauranne et Odilon Barrot, on se résigna à tolérer ce qu'on ne pouvait empêcher. On se flattait peut-être, par forme de compensation, que les plus ardens des orateurs se plairaient à compromettre, par la vivacité de leurs doctrines, les plus modérés des convives, et que de cet essai d'union sortirait la discorde. Malheureusement pour le pouvoir, il n'en fut pas ainsi, et l'Opposition ne lui donna pas une fois de plus la joie de triompher, grâce à ses divisions. Nulle parole malséante, nul vœu séditieux, rien que tout le monde ne pût avouer, au moins comme souhaitable, ne vint heurter les convictions ou blesser les cœurs. Un calme parfait, une cordiale harmonie, le sentiment digne et sérieux de l'accomplissement d'un grand devoir, le pur enthousiasme de citoyens éclairés et libres, formèrent le caractère incontesté de cette grande réunion.

La politique n'y eut point seule sa place; la charité y eut aussi la sienne. L'amélioration du sort des classes ouvrières y fut réclamée aux applaudissemens universels, et le soulagement des pauvres y fut l'objet d'uue quête abondante; noble exemple, répété dans tous les banquets qui suivirent, heureux acheminement à l'alliance de la politique et des intérêts populaires!

On ne s'attendait pas à une démonstration d'une si puissante unanimité ; on comptait encore moins qu'elle fût si modérée. On fut réduit à déchirer des noms, faute de trouver à reprendre dans les actes, et l'unique journal, resté fidèle au ministère, se plut à équivoquer sur les mots, à torturer les phrases, à supposer des intentions secrètes pour démontrer que des hommes, qui demandaient des réformes, voulaient une révolution, et qu'en usant sagement d'un droit légal, ils étaient les ennemis de la Charte et du roi.

Le mal était grand sans doute aux yeux des ultràs du système. Toutefois, ils s'en consolaient en songeant qu'il passerait avec le banquet du Château-Rouge, et que le banquet serait vite oublié dans cette France, si bien façonnée par leurs soins à l'indifférence et au repos. Ils se trompaient. Le pays n'était qu'endormi, il se réveilla au signal de Paris.

En quelques mois, Colmar, Strasbourg, Reims, Soissons, Saint-Quentin, Orléans, Melun, Chartres, Lille, Valenciennes, Lyon, Dijon, Montpellier, Amiens, Arras, Saint-Denis, Grenoble, Rouen, Toulouse, sans compter nombre d'autres villes (1),

---

(1) Voir aux pièces justificatives la liste générale des banquets, note A.

virent affluer à leurs banquets une masse croissante de convives. Notez que ceux-ci n'étaient pas gens de petite qualité, et que pussent dédaigner les élus du pays légal. C'étaient des électeurs, des éligibles, des membres de conseils de département et d'arrondissement, des maires, des conseillers communaux, des officiers de la garde nationale, des magistrats même de cours royales, et peut-être s'y trouvait-il quelques fonctionnaires des préfectures. A l'un de ces banquets, nous avons vu avec admiration toute une table garnie de vétérans de l'ordre civil et militaire, étalant glorieusement sur leurs poitrines, comme dans les pompes nationales, leurs croix d'honneur, gagnées sur d'autres champs de bataille que les colléges électoraux. C'était pour tous une solennité politique, digne des premiers beaux jours de la révolution de juillet. M. Duchâtel avait défié l'Opposition d'intéresser le pays à la Réforme : le pays faisait plus, il se passionnait pour elle. Vainement, par un procédé peu loyal, fit-il fermer aux banquets les édifices communaux, seuls propres dans beaucoup de localités à d'aussi nombreuses réunions ; vainement fit-il défense d'y assister aux fonctionnaires municipaux, dont la nomination lui appartient, et dont la présence y eût pourtant mieux garanti l'ordre public; ces chicanes, ces actes provocateurs ont pu retarder, déplacer les banquets, mais ne les ont empêchés ni dénaturés. Rien n'a arrêté l'heureuse contagion, ni troublé la sérénité de ces fêtes patriotiques. Près de soixante banquets ont eu lieu et pas l'ombre d'un désordre n'a donné prise à l'autorité. Le comité central a pu dire avec bonheur, « que « le caractère le plus remarquable de ces grandes « manifestations, c'est qu'avec le mouvement » s'était produit l'ordre, avec les émotions le « calme » (1). Et ainsi il est demeuré prouvé à la nation que ses citoyens peuvent jouir des dons de la liberté sans en abuser. C'est au ministère sans doute qu'ils ont dû de faire cette épreuve sur eux-mêmes; mais c'est à eux seuls qu'ils doivent d'en être sortis à leur honneur.

Les banquets ne commençaient pas seulement l'agitation pacifique et légale ; ils rouvraient à la France, et définitivement, nous l'espérons, l'ère de la vie politique qu'elle n'avait connue qu'à de courts intervalles, et plutôt par accès de fièvre que d'une façon normale. L'Opposition se mettait en communication directe et soutenue avec le pays; elle prenait l'habitude de parler aux citoyens assemblés qui prenaient celle de l'entendre et de s'éclairer de ses leçons. Faisait-elle

---

(1) Circulaire du 27 novembre 1847.

autre chose en cela que suivre l'exemple immémorial des hommes politiques de cette Angleterre, qu'on lui propose si souvent pour modèle? Ceux-là, tout grands seigneurs qu'ils sont, n'ont jamais cru descendre ni compromettre la Constitution, en demandant à l'opinion publique l'appui qu'ils ne trouvent pas dans l'enceinte du Parlement. Et, sans sortir de notre temps, sans parler même d'O'Connell et de Cobden, dont les harangues en plein vent ne se comptent plus, L. John Russel, S. Robert Peel, l'un aujourd'hui premier ministre, l'autre qui l'était hier, et le nouveau chef de la vieille aristocratie, L. Bentinck, se sont-ils jamais refusé la fantaisie de causer en public avec une cité entière, et de lui faire un cours de politique? Ils savent et par leurs devanciers et par eux-mêmes que c'est le moyen pour des chefs de partis de se tenir à l'unisson des cordes nationales, et de les faire vibrer au besoin. Ils s'assurent ainsi de n'user du pouvoir qu'au gré et à l'honneur de leur pays, et ce n'est pas un des moindres ressorts de la prépondérance politique de l'aristocratie qu'ils dirigent. M. Guizot d'ailleurs ne s'était pas borné à vanter jadis l'Angleterre en ce point; il l'avait récemment imitée à Lisieux, et MM. Duchatel et Lacave-Laplagne ayant imité M. Guizot; on voit qu'il n'était pas jusqu'aux ministres du 29 octobre qui, en se faisant offrir des banquets par leurs amis, n'invitassent l'Opposition à en accepter du pays à son tour.

Entre les uns et les autres, il y a eu sans doute quelques différences. Nous ne voulons humilier personne et ne les signalerons pas. Et d'ailleurs le ministère n'a-t il pas eu aussi sa part de joies et de triomphes dans les banquets réformistes? La vérité historique m'oblige à les raconter. Aussi bien de ce récit peuvent sortir de précieuses leçons.

On se rappelle que deux incidens ont marqué le cours des banquets. L'un, c'est l'abstention assez bruyante de M. Dufaure ; l'autre, c'est la fougueuse invasion de M. Ledru-Rollin.

Parlons d'abord de M. Ledru. M. Dufaure est au surplus moins soucieux que lui de *paraître* au premier rang.

M. Ledru-Rollin a toujours visé, qui l'ignore ? à l'orginalité. Il est homme à attendre patiemment quelle voie prendra son parti, pour se jeter aussitôt dans une autre. Avocat, a-t-il jamais pu s'astreindre à combiner une défense avec ses confrères ? Que de fois, au lieu de se tenir dans le cercle de sa cause et de la gagner bonnement, s'est-il échappé par la tangente, oubliant l'affaire et le client! Dans le procès des insurgés d'avril,

M. Ledru était du petit nombre des avocats qui insistèrent pour que les accusés se défendissent devant la cour des pairs, au lieu de s'en abstenir en masse, comme le voulait l'intérêt du parti, mais comme ne le voulait pas l'amour-propre des défenseurs, si l'on en croit sur l'un et l'autre point M. L. Blanc, l'historiographe du radicalisme. Plus tard, les amis de M. Ledru-Rollin l'offraient à des électeurs comme tenant un milieu plus ou moins juste, entre le *National* et le *Siècle*. Enfin, en 1841, il se radicalisait de pied en cap dans cet héroïque discours du Mans, pour lequel son ami Haureau était mis en prison, et où il poussait (M. Ledru!) l'irrévérence constitutionnelle jusqu'à jurer de vider enfin cette fameuse affaire de lettres royales, dont il n'a pas encore dit un mot à la Chambre depuis sept ans qu'il y siége.

Ces variations, ou si l'on aime mieux ces gradations de conduite, s'expliquent par la mobilité d'impressions propre aux natures passionnées. M. Ledru-Rollin est de très bonne foi dans ces changemens de front ; s'il varie, c'est qu'il obéit à sa conviction de chaque jour. Le journal la *Réforme*, lisant, le mois passé, dans l'avenir, voyait déjà les chefs modérés du parti radical prochainement ministres de S. M. Louis-Philippe 1er. Si cela peut être vrai de quelqu'un dans le radicalisme, à coup sûr, c'est de M. Ledru-Rollin. Le jour, où, par un de ces bonds d'imagination qui lui sont familiers, il jugera le pays perdu s'il n'est ministre, M. Ledru-Rollin est capable de se résigner à l'être, pour peu que le roi s'y prête. Mais, nous en convenons, il y a furieusement de chemin à faire pour cela de part et d'autre.

Quoiqu'il en soit, on juge maintenant que les principaux chefs du parti radical trouvant bon de s'allier publiquement à la gauche et au centre gauche en vue de la réforme électorale, M. Ledru-Rollin devait le trouver mauvais. C'est ce qui ne manqua pas d'arriver. D'ailleurs, la Réforme était sa chose, le titre et la vie de son journal, et il ne voulait en partager l'honneur avec personne. En vain, les tentatives isolées du radicalisme par la voie de la force, par celle des pétitions, n'avaient abouti qu'à des échecs. Ni le journal ni son patron n'entendaient permettre que la Réforme fût défendue par d'aussi grands hérétiques que MM. Barrot et Duvergier de Hauranne. Ils estimaient qu'il valait mieux pour le peuple s'en passer, que la devoir à d'autres qu'à M. Ledru-Rollin.

C'est là, sans doute, un raffinement de patriotisme. L'amour est exclusif, et c'était une manière de montrer qu'on aimait exclusivement son pays.

Mais le pays a besoin d'être aimé raisonnablement de tous, plutôt que de l'être aussi passionnément d'un petit nombre. Et, dût l'ardeur de votre dévoûment s'attiédir au contact d'autres devoûmens qui ne jettent pas tant de flammes, on le sert mieux de toutes façons par l'union que par un farouche isolement.

Donc M. Ledru-Rollin et ses amis s'étaient abstenus de prendre part au banquet du Château-Rouge et aux premiers qui le suivirent. Ils ne s'étaient pas toutefois bornés à cette preuve trop négative de leur patriotisme. Ils avaient vertement tancé ces manifestations *unionistes*, et faillirent même les écraser sous le poids de leurs railleries. Mais ils reconnurent bientôt qu'à force de vouloir se séparer et du Parlement et de la presse, ils risquaient de se trouver à la fin seuls dans le pays, et réduits au néant de leurs propres forces. Dès lors, par esprit de conservation, non moins que par l'effet de cette persistance d'idées que nous avons reconnue chez M. Ledru-Rollin, ils se décidèrent à goûter des banquets dont ils n'avaient réussi à dégoûter personne.

Ce fut, comme on sait, au banquet de Lille, qu'ils s'attaquèrent, trois grands mois après celui du Château-Rouge. M. Ledru-Rollin prétendait-il y être admis en triomphateur, ou s'y mêler en simple convive à ses collègues ? Nous n'oserions le décider, et nous aimons d'ailleurs à croire qu'il venait là pour resserrer, non pour rompre l'union. Malheureusement son entrée en scène ne fut pas préparée dans le même esprit. Les détours de la diplomatie, il faut le dire, n'y furent pas épargnés. La manœuvre fut habile. Ce banquet s'était annoncé avec tous les autres comme une manifestation purement réformiste. Les commissaires appartenaient à toutes les nuances et en majorité à l'Opposition constitutionnelle, dont était le président même. M. Ledru-Rollin invité, comme à d'autres banquets, ne devait pas venir davantage ; du moins le dit-on tout haut à qui voulut l'entendre, et en particulier aux autres invités. Puis voilà qu'arrivés à Lille, les députés apprennent que M. Ledru-Rollin vient de se décider soudainement à leur prêter son concours ; jusque-là, rien de mieux; c'était un renfort et nullement à dédaigner. Mais ils trouvent la ville en émoi de l'annonce répandue depuis plusieurs jours, que le banquet serait une manifestation ultrà-radicale. C'était un bruit faux, une pure illusion, nés dans quelques esprits des entraînemens de la polémique ; ils méritaient par eux-mêmes peu d'attention, mais ils avaient cours, et l'arrivée inattendue et en apparence ménagée de M. Ledru-Rollin, seul présent de tous les députés radicaux, achevait de leur prêter une certaine consistance. C'est pour en balancer le mauvais effet, que M. Barrot et ses collègues demandèrent qu'un toste fût porté à la pureté des institutions de 1830, n'en excluant d'ailleurs aucun autre, non plus qu'aucun orateur. Ce toste parut au président et à bon nombre de commissaires tellement en harmonie avec le caractère de la réunion, qu'ils n'hésitèrent pas à l'admettre. Mais ils avaient compté sans la commission des tostes, qui, composée de radicaux extrêmes, avait mené l'affaire, et se refusa le matin du banquet au toste qui avait paru accepté la veille. On se rappelle ce qui suivit, et le malentendu, dans lequel tomba l'assemblée, déjà impatiente d'un long retard, et qui laissa le champ libre à M. Ledru-Rollin.

Nous n'étions pas sur les lieux, et ne pouvons juger de ce qu'il y avait à faire ; mais de loin, il nous a paru, nous le disons sans détour, que les députés de l'Opposition ne devaient pas s'arrêter aux bruits semés par un journal ni à la présence de M. Ledru-Rollin ; et nous tenons pour certain que leurs voix, en se faisant entendre au sein du banquet, même dans les limites du programme des tostes, eussent à Lille, comme partout ailleurs, fait taire les dissentimens et ramené cette grande assemblée à la pensée d'union légale et de Réforme pacifique, sous l'empire de laquelle elle s'était formée.

Ce doit être néanmoins un enseignement pour les partis. Toute opinion saura désormais que, pour n'être effacée ni évincée nulle part, il faut qu'elle se montre et agisse partout. Si l'Opposition constitutionnelle, par exemple, eût été dans la commission des tostes ce qu'elle était dans la masse des convives, la majorité, elle eût prévenu ce conflit en maintenant au banquet dans l'opinion publique son caractère primitif, et s'il l'eût perdu réellement, en le lui rendant au besoin.

De la sorte, le banquet de Lille eût été un nouveau gage d'alliance des partis réformistes, d'autant plus solennel et important que le radicalisme extrême y eût trouvé occasion de se rallier et de réparer la faute de son abstention précédente.

Loin de là, un schisme grave en est sorti, qui a déchiré en deux le radicalisme. Nous avons vu d'un côté MM. Dupont (de l'Eure), Carnot, Marie, Garnier-Pagès et presque toute la gauche radicale; de l'autre M. Ledru-Rollin seul, mais s'estimant seul assez contre tous et se plaisant à ce duel inégal. Il est vrai qu'il ne s'y épargnait pas, non plus que son journal, et qu'il avait affaire à d'anciens amis qui, moins oublieux que lui du passé et plus soucieux du présent, ne pouvaient se résoudre à le traiter en ennemi.

Ce fut, quelques jours durant, pour les amateurs d'escrime politique, un curieux spectacle, dans lequel le *National* et les siens semblaient d'habiles maîtres d'armes, poussant hardiment d'une main à la presse ministérielle, et de l'autre écartant en se jouant les coups perdus de l'ultrà radicalisme. Mais la jeunesse admet peu les leçons, surtout quand elle a la prétention d'en donner. Les ultrà radicaux sont de première jeunesse. Irrités ou honteux de se voir au dernier rang de la grande croisade réformiste, ils se ruèrent, avec leur chef, sur le corps d'armée, sans doute pour arriver plus vite à l'ennemi commun. Mais c'est à ce dernier seul que profita cet accès de fougue indisciplinée. Il usa sans balancer de cette utile diversion. Le *Journal des Débats*, qui depuis long-temps essayait en vain de mordre aux banquets, saisit à belles dents la pâture que lui servirent si à propos ces alliés inattendus. Il enregistra soigneusement leurs exploits, devint leur plus fidèle écho, et jeta leur mot d'ordre et leurs noms aux quatre vents de la France. En sorte que, pour qui n'eût pas connu déjà la folle audace et l'inexpérience politique des ultràs du radicalisme, il eût été tout naturel de croire à leur entente cordiale avec les ultras conservateurs. Il est certain, en effet, que les uns et les autres travaillent en commun à la même œuvre, le maintien du système actuel, avec cette seule différence que ceux-ci le font sans le vouloir, et que ceux-là le veulent bien, mais ne le peuvent guère.

Cette étrange confusion servait trop clairement le ministère pour que M. Ledru-Rollin ne s'en aperçût pas lui-même. Dans un banquet postérieur, à Châlon, croyons-nous, on le vit repousser tout haut ce qu'il appelait les avances du *Journal des Débats*, et prêcher la modération. Mais a-t-il jamais su mettre d'accord ses paroles et ses actes ?

Que prétend, au fond, M. Ledru-Rollin? que l'alliance des radicaux avec la gauche est une trahison envers la démocratie ; que s'y prêter c'est travailler à une déception, servir des ambitions personnelles. C'est le thème retourné du *Journal des Débats.*

M. Carnot a déjà répondu que toute extension des droits électoraux est acceptable, comme progrès d'abord, et comme moyen de progrès ensuite. Et s'il ne peut obtenir le plus, il prendra le moins, faute de mieux. Cela paraît à tout le monde fort sage et nullement perfide.

Le *National*, maître en radicalisme, quand M. Ledru n'y était que clerc, a répondu de son côté, approuvant M. Carnot en ce point (1).

Enfin, M. Pagnerre a posé à M. Ledru-Rollin cette petite question : « Parce que la gauche, le centre » gauche et nous radicaux ne devions pas faire » toute la route ensemble, fallait-il ne pas nous » mettre en marche (2)? » Hélas! M. Ledru-Rollin avait déjà résolu la question, en faisant le chemin jusqu'à Lille. Car, si ce n'est pour s'y réunir à ses collègues de la Chambre, qu'y allait-il faire? Lui aussi trahissait donc la démocratie en s'asseyant aux banquets avec l'Opposition constitutionnelle. Il est vrai qu'il s'est repenti depuis de cette vel-

---

(1) Une amélioration, si petite qu'elle fût, serait un pas en avant : c'est à ce titre que nous accepterions la Réforme électorale et parlementaire, tout incomplète que la souhaite la gauche. On a conçu la pensée des banquets sans nous, mais à côté de nous. La pensée qui les inspire est le besoin de donner de l'extension à la loi de 1831... C'est là un terrain sur lequel tous ceux qui ne sont pas rivés à un système d'immobilité absolue peuvent et doivent se rencontrer. Voilà pourquoi, mettant notre conduite d'accord avec nos convictions, nous avons dès le premier moment adhéré à la réunion du Château-Rouge, sans plus abandonner notre drapeau que nous ne prétendions confisquer celui de nos voisins.

(*National* du 12 novembre 1847).

(2) Banquet du Neubourg, 12 décembre 1847.

léité d'union, et qu'il a eu fort à cœur de le prouver.

Mais il est vrai aussi qu'il paraît être revenu de ce repentir, puisque des paroles de conciliation ont été échangées, et un arbitrage accepté par les fractions belligérantes du radicalisme.

Nous ne demanderions pas mieux que de le voir rentrer au giron du radicalisme raisonnable; mais à quoi bon? pour que demain il s'en échappe encore! Est-ce, au surplus, un mal pour la Réforme de ne point compter M. Ledru-Rollin au nombre de ses défenseurs? M. Ledru-Rollin ne porte point bonheur aux causes qu'il embrasse. Le journal *la Réforme* en sait quelque chose, et son gérant peut admirer à loisir, sous les verroux de Sainte-Pélagie, les écarts d'éloquence qui l'y ont conduit. Mais quoi! la démocratie n'a-t-elle pas été glorifiée une fois de plus en la personne de M. Ledru-Rollin? C'est la victime qui le proclame, et je veux l'en croire. Cependant, encore quelques triomphes de ce genre, et la voix pourra bien lui manquer pour les célébrer. Or, ce que menace de faire M. Ledru-Rollin pour le journal, il est à craindre qu'il ne le fasse pour la Réforme elle-même. Les succès oratoires d'un pareil défenseur risqueraient fort de la tuer, ou tout au moins d'aventurer singulièrement sa cause. Ce pays est un juge qui se gendarme aisément et qu'effraient même les matamores de révolution. Puisque M. Ledru n'en tient nul compte, la Réforme n'a pas besoin de sa dangereuse assistance. Les Réformistes radicaux du Parlement paraissent l'avoir compris ainsi, en décidant d'agir désormais sans lui, et de le laisser marcher seul dans sa gloire. Qui peut s'en plaindre ? ce n'est pas lui, qui n'en paraîtra que plus grand, ni la Réforme, qui en sera plus assurée.

Pendant que se montait à Lille le coup de tête de l'ultrà radicalisme, M. Dufaure frappait le sien à Saintes: menacé de la présidence du banquet préparé dans cette ville par les électeurs, M. Dufaure prenait les devants à la hâte..... pour la refuser. On connaît sa lettre que les *Débats* ont publiée et exploitée. Partisan d'une révision de la loi électorale de 1831, il déclarait regarder « une manifestation nouvelle, dans la forme projetée, comme » superflue en ce qui le concernait, et comme nuisible au triomphe de ses principes. » Il ajoutait s'être abstenu d'assister au banquet du Château-Rouge, parce qu'il avait eu un autre caractère politique que celui que désiraient ses amis et lui. C'était, en termes plus clairs, exiger le toste au roi.

M. Dufaure espérait-il qu'on s'y refuserait, et que son abstention, justifiée par un pareil refus mettrait en déroute les banquets réformistes ? s'il l'a pensé, il s'est doublement trompé. Premièrement, en ce qu'on lui offrit de porter le toste au roi et même de régler tous les autres à son gré ; secondement, en ce que ni le banquet de Saintes, ni les autres, ne rentrèrent sous terre à la voix de M. Dufaure.

Par ce refus de présider un banquet, auquel il pouvait donner le caractère qui lui convenait, M. Dufaure rendit évident que le non-toste (comme on dit) avait pu être le prétexte, mais n'était pas le vrai motif de son abstention. Investi de la présidence, muni de pleins pouvoirs, au cœur de son département, au milieu de ses électeurs, il trouve encore des raisons de s'abstenir. Craignait-il donc de se voir assis en face de radicaux? Mais ne l'est-il pas à la Chambre? Redoutait-il l'expression trop vive de leurs opinions? Mais n'est-ce pas M. Dufaure qui a parlé d'aristocratie intrigante et besogneuse ? Redoutait-il des attaques contre la Constitution ? Mais il était maître des tostes. Est-ce donc le seul contact des radicaux qu'il fuyait? Je voudrais bien savoir s'il refuse leurs suffrages le jour de l'élection.

Voilà les questions qu'on se faisait. Et comme on n'y trouvait pas de réponse satisfaisante, l'opinion publique s'est égarée à la recherche de je ne sais quelles rancunes ou quelles ambitions personnelles, où elle a voulu trouver les raisons d'agir de M. Dufaure.

Nous croyons que l'on s'est mépris, et que, par un ressentiment assez naturel d'ailleurs, on est tombé dans une exagération très injuste. Voici pour nous ce qui nous paraît vrai. M. Dufaure estime, et ses amis avec lui, qu'il est l'homme de l'Opposition le plus propre à en faire, comme ministre, accepter et pratiquer les principes. Dans cette idée fixe, il croit devoir ménager son avenir ministériel. Comme il craint, à tort, suivant nous, de se rendre impossible en prenant part aux banquets, il s'en abstient. Et pour que le sacrifice soit complet, il le proclame.

Nous n'accusons donc pour notre compte que la sagacité politique de M. Dufaure. Il eût pu faire, par l'éclat de son refus, beaucoup de tort au mouvement réformiste, si le besoin de réformes n'avait été aussi général et aussi profond. Il est tel en effet aujourd'hui, que si les hommes éminens lui manquaient, il ne se manquerait pas à lui-même. Ce ne sont pas tels orateurs, tels prétendans au pouvoir ni même tel parti qui ont fait surgir près de soixante banquets de tous les points du territoire. Ils sont nés tout seuls, comme l'expression spontanée d'un même et puissant besoin. Ce qu'ont pu faire les organisateurs de ces manifestations, ç'a été de les régulariser et au besoin de les modérer. Loin que l'anathème de M. Dufaure ait arrêté le cours des banquets, on peut dire avec vérité que pour balancer une autorité si grave et combler l'absence d'un pareil nom, ils se sont multipliés davantage et ont acquis des proportions plus imposantes. En cela du moins, M. Dufaure a servi la Réforme.

Nous n'aurions pas insisté si longuement sur cet incident, sans le préjudice qui en résulte pour M. Dufaure et par contre-coup pour l'Opposition. M. Dufaure y a perdu une partie de la popularité qu'il devait à son renom de droiture austère et de fermeté politique. Il n'est pas sûr qu'il soit devenu plus possible, mais il est certainement moins fort.

Puisque nous venons de parler du toste au roi, vidons en passant cette grosse affaire.

Le toste au roi a été l'occasion de quelques dissentimens, le prétexte de quelques abstentions. Dès l'origine, on avait dit plaisamment à un jeune député, qui le réclamait, qu'il serait temps de le porter quand il serait médecin de Sa Majesté. On eût dû en rester là sur ce point.

Malheureusement, des esprits ardens, d'autres

timorés, ont imaginé de voir dans l'absence de ce toste une adhésion à la forme républicaine. C'était d'une logique un peu outrée. Mille autres raisons et des plus simples, suffisaient pour l'expliquer. En principe, y a-t-il plus de motifs, dans notre régime d'égalité des grands pouvoirs, de porter un toste à l'un qu'aux deux autres? Et un hommage exclusif à celui-ci n'est-il pas un oubli injurieux pour ceux-là?

En fait, des manifestations, qui ont indirectement pour but de restreindre le gouvernement personnel de la royauté, peuvent-elles, sans une puérile hypocrisie, débuter par un toste au roi lui-même? Et si l'on y tient, permettra-t-on d'y joindre quelque commentaire aussi gracieux que ceux qui l'ont accompagné dans les banquets où il a été porté? Pour les esprits sincères, vraiment constitutionnels, le silence n'était-il pas, dans ce cas, la plus franche comme la plus respectueuse des remontrances? Qu'eût dit M. Guizot si on lui eût demandé, en 1839, d'ouvrir ou de couronner une de ses vigoureuses harangues contre les empiètemens de la prérogative royale, par le cri de Vive le roi!

Cette objection a donc pu être une machine de guerre pour le ministère contre l'Opposition; ce n'était pas la matière d'un reproche sérieux; mais, exagérée et envenimée par les partis extrêmes, elle est devenue une pierre d'achoppement, et au milieu de manifestations aussi considérables que les banquets, cette petite chose a failli compromettre les grandes. Sans entrer dans le détail des difficultés qui en sont nées, ni prétendre résoudre, d'une manière absolue, toutes celles qui en pourraient naître par la suite, voici comment il nous semble qu'on eût pu procéder au sujet de ce toste : partout où il était demandé sérieusement par l'opinion publique ou par des hommes dont la présence était jugée utile, il fallait le porter ; l'omettre partout ailleurs, et n'y attacher nulle importance de plus.

Les radicaux, même extrêmes, pouvaient-ils s'effaroucher du toste ? M. Ledru-Rollin a fait maintes fois et renouvelle à chaque législature serment de fidélité au roi. C'est une contrainte légale, dit-on, tandis que la présence aux banquets est toute volontaire. Nous ne ferons pas remarquer que la députation n'est imposée à personne, et que c'est très volontairement qu'on en accepte les charges. Nous demanderons seulement pourquoi l'on croit pouvoir, comme député, prêter serment de fidélité au roi, et l'on ne permet pas, comme citoyen, à d'autres citoyens, de porter à côté de soi un simple toste au roi. Les radicaux se piquent de logique ; ils ne paraissent pas l'avoir observée en cette occasion.

Les constitutionnels devaient-ils se retirer des banquets où le toste n'était pas porté ? Pas davantage, puisqu'eux-mêmes ne le portaient ni ne le réclamaient, et qu'ils ont bien d'autres preuves que celle-là à donner de leur attachement à la Constitution. La question du toste ou du non-toste, est une affaire de tactique, de convenance locale, non de principe. Telle doit être la règle. Il faut espérer qu'on la suivra désormais sans s'inquiéter des commentaires.

Qu'on ne voie pas dans nos paroles ce qui n'est pas dans notre pensée, un secret mépris pour la forme de gouvernement qui régit notre pays. On se tromperait de beaucoup. Nous l'estimons sincèrement en elle-même, comme bonne pour la France, avec nos habitudes de centralisation et d'unité, notre entourage européen, au milieu de notre vieux monde. Mais l'on ne se tromperait pas moins si l'on croyait que nous serons jamais de ceux qui crieraient volontiers : Vive le roi quand même ! Notre attachement à la royauté est plus sévère et plus mâle, et nous pensons la mieux servir par des actes même de contradiction que par de banales adulations. Nous croyons fermement que c'est là, quoi qu'on en dise, le sentiment général de la France. Elle n'est pas monarchique dans le sens stupide et suranné qu'attachent à ce mot les courtisans. Elle aime le roi pour elle et non pour lui. Elle l'a prouvé de reste à qui l'a gouvernée depuis cinquante ans. On devrait s'en souvenir et ne pas nous obliger à le redire.

Un autre grief tout aussi fondé a été exploité contre les banquets, et en général contre tout mouvement réformiste ; c'est qu'ils seraient d'origine purement radicale. Cela fût-il vrai, ce ne serait pas un motif de les condamner sans examen ; mais nous avons vu que cela n'est pas. La pensée en est éclose au beau milieu du centre gauche. Ni le parti radical, ni même la gauche, n'eussent osé se la permettre. Il est vrai qu'on ne pouvait la réaliser sans leur concours, et qu'ils l'ont prêté largement. Mais ils sont trop justes pour réclamer la paternité de l'agitation réformiste. Ils ont nourri l'enfant, l'ont mis sur pied et l'ont fait marcher, voilà tout, et ils espèrent bien qu'il ira loin. Mais leur amour pour lui ne les aveugle pas, ainsi que M. Ledru-Rollin, jusqu'à vouloir être seuls à le produire. Ils savent même, comme le disait avec tant de sens M. Rittiez au banquet de Valence, ils savent au besoin s'effacer et laisser prendre la haute main à ceux qu'ils croient les mieux placés pour assurer le succès de la Réforme, ce qui ne les empêche pas d'ailleurs d'y aider et d'y pousser au besoin,

On s'est rejeté sur le comité central de Paris qui, le premier, a répondu à l'appel du centre gauche, et l'on s'est appliqué à le représenter comme un foyer de radicalisme, et les hommes qui le composent, comme des conspirateurs en permanence, ce dont ils ne se doutent guère. On sait bien pourtant qu'il n'en est rien. On n'ignore pas, et c'est ce qui fâche, que ce comité n'est qu'une réunion passagère d'électeurs et de membres du conseil général de la Seine, appartenant à toutes les nuances de l'Opposition, libres dans son sein de tout engagement de parti, sincèrement soumis aux lois, et n'aspirant aux réformes que par les voies pacifiques. Si l'on regrette son intervention dans le mouvement réformiste, c'est moins parce qu'il en a donné le signal, que parce que partout où il a été appelé, il a contribué à maintenir l'ordre, les convenances, l'union, la légalité, qui ont empreint d'un si grand caractère ces manifestations. Ah! s'il avait accepté le rôle si adroitement saisi, si heureusement poursuivi par M. Ledru-Rollin, comme on eût exalté son courage, provoqué son audace, secondé ses triomphes, sauf à le supprimer ensuite, après la comédie jouée!

Mais le comité n'a pas donné dans ce piége. Il est resté, pendant le cours de la campagne, ce qu'il était au début, réformiste et conciliateur. Pouvait-il faire autrement? Eh! mon Dieu non! à moins de répudier le principe même de son existence, c'est à dire à peine de suicide. Si d'ailleurs il se fût laissé détourner de sa ligne par les terreurs hypocrites des uns ou les aveugles clameurs des autres, le délaissement de l'opinion publique lui eût bientôt rappelé qu'il n'appartient pas à un seul des partis de l'Opposition, mais à tous, et qu'il n'a de force que par leur union et leur respect mutuel.

Qu'on parcoure les circulaires du comité, les discours prononcés en son nom dans les banquets, on les trouvera toujours fidèles à sa devise : Union, légalité. Sans doute ses délégués ont donné l'empreinte de leur opinion personnelle aux paroles qu'ils ont prononcées. Mais si la teinte politique en a varié, jamais elle n'est devenue une couleur tranchée, qui effaçât les autres nuances. La libre franchise de tous était d'ailleurs une preuve que l'union n'enlevait rien aux convictions respectives, en même temps que leur modération était un gage d'harmonie.

Certes, nos ministres n'ont pas la prétention que tout le monde soit de leur avis. Que deviendraient alors leurs moyens favoris de gouvernement, la corruption, l'intimidation, et leur principe d'autorité, l'impopularité? Il leur faut bien, ne fût-ce que pour compléter le jeu représentatif, une Opposition. Qu'ils lui permettent donc, au moins pour intéresser le public, une certaine vivacité de dialogue, et qu'ils ne lui demandent rien de plus que le respect des lois. Ah! leurs provocations de chaque jour nous ont appris ce qu'ils voudraient de plus. Mais ce n'est pas le comité central qui leur fournira cet avantage, ni ceux qui suivront son exemple.

Sa pensée, au surplus, a été comprise partout, et si vite et si bien, qu'on peut dire qu'elle était à l'avance dans tous les bons esprits. La popularité qui s'est attachée à son vénérable président, M. le comte de Lasteyrie, à son éloquent et dévoué secrétaire, M. Pagnerre, et qui a toujours accueilli ses délégués, a témoigné de cette conformité intime de sentimens. Les tostes portés en son honneur en ont multiplié les preuves. Son initiative, son action ont été acceptées, encouragées par tous les partis, et ses appels à l'union s'y sont retrouvés dans toutes les bouches.

C'est grâce à la sage conduite, à l'intervention conciliante du comité central et des comités des départemens, que la marche des banquets a pu se développer malgré tous les obstacles; mais c'est grâce au dévoûment et à l'éloquence des orateurs qui s'y sont fait entendre, qu'ils ont eu tant de retentissement et d'influence. Le commerce, l'industrie, l'agriculture, les arts, le barreau, la presse, l'administration communale, la magistrature, y sont venus tour à tour attester, dans les termes les plus solennels, la nécessité de réformes politiques.

Nous voudrions pouvoir passer en revue tous ces banquets, toutes ces généreuses harangues, tous les noms de ces soldats du progrès. Nous ferions voir quelle pépinière l'Opposition y trouverait d'hommes propres aux débats des affaires et aux luttes de la tribune. C'est là un fait qui a frappé les auditeurs, et qui ne doit pas être perdu. L'Opposition est assurée d'avoir désormais ses candidats partout. La faveur publique a enregistré leurs noms qu'elle saura retrouver au besoin, sans que nous les rappelions ici (1).

Mais quels remerciemens ne sont pas dûs aux courageux membres de la Chambre qui ont si vaillamment continué, devant la nation, la session close au Palais-Bourbon! Parmi les cent députés qui y ont participé de leur présence ou de leur parole, et, puisqu'il faut

---

(1) Voir aux pièces justificatives la liste générale des tostes, note B.

choisir, citons en tête, dans le centre gauche, l'ardent et résolu promoteur de la Réforme, M. Duvergier de Hauranne, cet invariable soldat d'une même cause, le gouvernement parlementaire, qu'il cherche dans tous les camps et poursuit avec l'acharnement d'un cœur plus d'une fois déjà déçu dans ses espérances. Trouvez un esprit plus net, plus juste, plus ferme. Et quant au langage, en est-il un plus spirituel et plus sensé, plus pénétrant et plus clair, d'une simplicité plus distinguée, en un mot, plus français de tout point?

Nommons encore un ancien vice-président de la Chambre, M. Léon de Malleville, qu'elle avait eu l'attention de nommer, sans doute pour la représenter aux banquets. Aujourd'hui que l'expérience a montré qu'un tel honneur n'est pas indispensable aux banquets, la Chambre les en prive, et les banquets en sont tout consolés. Car s'ils n'ont plus la vice-présidence de M. de Malleville, ils auront mieux que cela, ses vifs et chaleureux accens, et ce geste vengeur qui cloue les corrompus sur leurs bancs et leur arrache tous les voiles.

Venaient ensuite, en tête du parti radical et comme lieutenans du vénérable Dupont (de l'Eure), M. Marie, dont le talent élevé trouvait enfin dans les banquets un théâtre digne de lui, et puisait les plus larges inspirations dans ces immenses auditoires ; M. Garnier-Pagès, à qui son frère, si regrettable pour tous les partis, semble avoir laissé avec la connaissance des affaires, avec l'aisance entraînante de la parole, l'entente des vrais intérêts de la démocratie et le courage de les proclamer.

Et, dans l'Opposition de gauche, la verve électrique, étincelante, intarissable, si familière et si osée de M. Crémieux, l'orateur toujours prêt, toujours applaudi, presque toujours éloquent, n'eût-elle pas eu les principaux honneurs de la campagne, si M. Barrot ne les avait conquis avant tous.

M. Odilon Barrot a été le héros des banquets. Amis et ennemis n'ont qu'une voix pour le proclamer. Vingt magnifiques discours lui assureraient la palme, s'il n'y avait pas d'ailleurs, à nos yeux, un titre supérieur encore. Ce n'est pas la variété infinie qu'il a su donner aux développemens de sa pensée, ni le caractère pratique dont il les a revêtus sans rien ôter à l'élévation des principes et à la noblesse du langage. Ce n'est pas même parce que ses accens, partis du cœur, et presque son seul aspect ont fait aimer la probité et haïr la corruption ; c'est qu'il a accompli un infatigable apostolat. Il a enseigné sous toutes les formes, inculqué partout et popularisé le gouvernement représentatif. Il en a fait apparaître l'idéal, il en a dévoilé l'ignoble parodie, fait toucher du doigt toutes les plaies. Mais plein d'espoir en présence du mal et d'autant plus hardi à le combattre, il a catéchisé les esprits, rallumé la foi politique, semé à toutes mains les germes d'une régénération qui ne s'arrêtera plus.

M. Barrot ne se doutait pas lui-même de la fécondité de sa mission. Après les premiers banquets, il a paru craindre en se multipliant d'user l'attention publique. Il a dû se convaincre que sa voix répondait à un sentiment trop universel pour n'être pas accueillie par tous avec bonheur comme un éloquent écho, comme leur propre voix, comme le cri de leurs consciences.

Qui peut dire que M. Barrot n'ait pas singulièrement grandi depuis six mois, même en talent? mais il a grandi surtout en puissance, et nous aurons tout à l'heure à voir ce qui en résulte pour lui, pour son parti et pour le pays.

III. Résultats de la campagne réformiste.

Nous avons essayé de retracer l'origine du mouvement réformiste de 1847, nous l'avons suivi dans ses phases diverses, ses incidens, ses luttes, ses triomphes ; il nous reste à rechercher les résultats qu'il a produits et dont les uns peuvent être considérés comme acquis, les autres comme possibles et en voie d'accomplissement.

Le premier résultat obtenu et passé désormais dans le domaine public, c'est l'usage des banquets et des grandes réunions politiques. Nous avions le droit, nous nous en servions même, mais rarement, à huis clos, sans bruit, pour la petite gloire des individus bien plus que pour les intérêts du pays. Jusque-là, ce droit n'était qu'une lettre morte, une arme de parade; maintenant, il est entré dans nos mœurs, il sera la vie de l'opinion. Le voilà implanté chez nous, enraciné en cent endroits. Il est désormais inébranlable; on ne l'arrachera pas.

Quel prétexte aurait-on d'ailleurs contre les banquets? Malgré les velléités contraires, malgré les déclamations ennemies, ils ont commandé le respect, et ils l'ont obtenu. Avant qu'ils eussent lieu, on criait au désordre, à l'émeute. On ne l'ose pas aujourd'hui; la Chambre des pairs elle-même a lieu maintenant d'être persuadée, comme elle l'avoue dans son Adresse, que « de telles agitations, tolérées » par un régime de liberté, sont impuissantes con- » tre l'ordre public. » Oui, sans doute, elles sont impuissantes contre l'ordre; car elles ne veulent rien contre l'ordre, car elles n'ont de puissance sur l'opinion qu'à ce prix, et elles n'aspirent qu'à la conquête de l'opinion. On le sait bien, tout en affectant d'en douter. Le reproche d'obéir à des passions aveugles ou ennemies n'est pas seulement un vain mot, nous le disons nettement, c'est un mensonge, et un mensonge hypocrite. C'est la mauvaise queue de cette politique de la peur, sur laquelle on a vécu dix-sept ans. Mais si les coupables témérités d'un parti semblaient autrefois la justifier, où sont aujourd'hui les conspirateurs, où sont les armes de guerre, où est la révolte?

Parce que dans cet immense concert de voix, qu'inspirait l'amour de notre Constitution, quelques unes ont laissé percer contre elle des regrets ou des espérances, est-ce une raison loyale d'attribuer à tous les mêmes sentimens? Et quand les représentans avoués du parti réformiste ont répudié avec énergie ces manifestations isolées, est-on en droit de prétendre qu'ils en sont les aveugles complices?

S'il nous plaisait, à nous, de juger la majorité et le ministère par les secrets désirs échappés à quelques uns, nous aurions beau jeu à notre tour à montrer où sont les vrais ennemis de nos institutions. Certes, leurs actes nous y autoriseraient assez, et la France et le monde ne seraient que trop disposés à nous croire.

Mais vous ne nous dites aveugles que parce que nous voyons trop clair. Vraiment, c'est naïveté à nous de nous indigner contre une comédie dont acteurs et auteurs rient les premiers sous le masque. Il doit suffire que le pays la siffle, et maintenant que l'intrigue en est usée, et qu'il la sait par cœur, pour l'avoir apprise à ses dépens, il n'y manquera pas. On ne lui persuadera plus aujourd'hui que ses droits sont autant d'armes dangereuses qu'il ne peut manier sans se blesser. Il en a douté long-temps sur la foi de ses habiles tuteurs. On avait eu notamment le soin paternel de nous déclarer incapables de nous réunir, sans compromettre la paix publique par notre humeur turbulente. On nous l'avait tant dit et redit, que nous avions fini par le croire nous-mêmes. Nous en étions à nous demander si 500 d'entre nous pouvaient s'assembler sans mettre en feu trente-cinq millions d'âmes; s'il n'y avait pas caché en nous quelque fluide malfaisant, que notre seul contact fît éclater en foudres et en orages sur le pays. Nous tremblions à l'idée de nous rapprocher. Faiblesse d'enfans qu'on a bercés de chimères au lieu de les habituer aux réalités de la vie! Les banquets ont dissipé ces terreurs. La nation connaît aujourd'hui sa force d'arrêt, aussi bien que sa force d'impulsion. C'est le plus haut terme de la puissance. Elle y est arrivée. Les preuves en sont faites et répétées. Quelles autres veut-on de plus ? (1)

Un second résultat non moins précieux des banquets, c'est qu'ils ont inauguré en France l'agitation légale et restauré la vie politique. Le pétitionnement a été organisé ; des comités réformistes ont surgi partout. Ils ont concentré et décuplé les forces de l'Opposition, accueillant et utilisant toutes les bonnes volontés, stimulant l'indifférence, ralliant les campagnes aux villes, éteignant les rivalités de clocher. Ils serviront de plus aux élections, surveilleront les listes trop négligées des électeurs, prépareront les candidatures. Ils combattront les abus politiques des autorités, les signaleront à leurs représentans, qui en poursuivront justice. Ils entretiendront enfin, dans la nation, ce souci actif des affaires publiques, qui doit être pour elle ce qu'est trop exclusivement pour les particuliers, la préoccupation de leurs intérêts, le premier mobile et presque toute l'âme. La vie politique sera alors chez nous permanente et régulière.

Le troisième résultat positif des banquets, c'est d'avoir mis définitivement la Réforme électorale et parlementaire à l'ordre du jour du pays. On

---

(1) Voir aux notes et pièces justificatives la note C.

avait objecté aux partisans de la Réforme qu'elle n'était pas un besoin réel, ni général. Un ministre y voyait un fantôme; un autre l'appelait moins honnêtement une maladie de peau, une sorte de prurit. C'était tout au plus, à les entendre, une fantaisie d'opposition ; la masse s'en inquiétait peu et ne la réclamait pas.

Il faut convenir que le fantôme a pris corps depuis quelque temps ; que la maladie de peau a gagné les chairs et pénétré jusqu'à la moëlle ; qu'enfin, ce prétendu caprice de quelques uns a si bien l'air aujourd'hui d'un besoin public, qu'on lui offre déjà le change par de décevantes satisfactions.

Il n'y aurait pas de bonne foi ni surtout grand profit à nier la valeur du mouvement réformiste, au nom des élections de 1846. C'est justement contre l'erreur de ces élections que le pays réagit et proteste, et il était difficile qu'il le fît d'une manière plus significative. Depuis la révolution de 1830, y a-t-il eu en France une pareille manifestation de l'opinion publique? Une cause qui provoque tant de dévoûmens, qui arrache tant de citoyens à leur repos, est-elle donc imaginaire? Non. Le temps est passé de le prétendre. Aveugle qui ne sait pas voir ! Imprudent qui méconnaîtrait la voix de la nation, et attendrait pour y satisfaire qu'elle commandât au lieu de réclamer.

Sans doute ce ne sont pas les masses populaires qui appellent la Réforme. Ce ne sont pas elles qui viennent s'asseoir aux banquets et signent des pétitions. Elles savent trop bien vos sentimens à leur égard pour vous rien demander. Elles se rappellent le cas qu'a fait la Chambre de la pétition de 1840. Le pays légal, comme on a dit, n'est-il pas tout pour notre nouvelle aristocratie gouvernante? Eh bien! c'est le pays légal, ce sont les possesseurs du privilége électoral qui aspirent à le partager avec leurs concitoyens, et prétendent affermir ainsi en l'élargissant la base de nos institutions. Cette bourgeoisie, qu'à ses deux extrémités, dans des vues opposées, mais également dangereuses, on voudrait isoler du peuple, comme si elle pouvait cesser d'en être, elle sent bien qu'elle ne perd rien de ses droits en les communiquant, et que l'ordre politique et social ne peut que gagner à cette extension progressive. Elle n'est pas un cercle fermé, qui, fondé sur le privilége personnel, exclut à jamais les classes qu'il ne comprend pas. Elle est ouverte à tous, ou plutôt elle embrasse tout le monde. Les inégalités naturelles, fatales, que toute société renferme et que comporte l'humanité même, elle tend à les atténuer de plus en plus. C'est là sa mission : sans examiner ici comment elle la remplit, disons qu'elle en accomplit une partie en réclamant aujourd'hui pour des frères deshérités. Ce ne sont ni des intérêts de famille, ni des intérêts de corps qui la guident. Elle est désintéressée presque dans la Réforme qu'elle demande. Serait-ce aux yeux des conservateurs un motif de refus?

Il est un fruit de la campagne réformiste, qui, si le parti conservateur comprenait les vrais intérêts de l'ordre, devrait singulièrement lui plaire. C'est précisément ce qu'il trouve le plus amer et repousse le plus. L'alliance de l'Opposition constitutionnelle avec le parti radical et leur union, aujourd'hui réalisée, pour le succès de la Réforme. Pour qui aime sincèrement l'ordre et à ne regarder les choses que sous ce point de vue, n'est-ce donc rien, n'est-ce pas une grande conquête au profit du régime constitutionnel, que d'avoir amené un parti redoutable sans doute, puisqu'on en fait tant de peur au pays, sur le terrain de la Constitution? N'est-ce rien que la propagande pacifique substituée hautement à la propagande armée? N'est-ce rien que l'agitation légale remplaçant pour toujours, il faut l'espérer, les appels révolutionnaires? Aimerait-on mieux avoir à triompher de temps en temps de quelque émeute républicaine? C'est peut-être là le secret désir des séïdes du système. Il semble vraiment, à sonder le dessous de leur politique, qu'ils aient besoin de boucs émissaires sur qui rejeter l'excuse et la peine de leurs iniquités. Qu'ils s'offrent eux-mêmes, s'il leur plaît, en victimes expiatoires. Ce serait pure justice. Mais qu'ils ne prétendent plus imposer à d'autres ce rôle de dupes complaisantes. Après tout, s'ils y tiennent, ne leur reste-t-il pas l'ultra-radicalisme et M. Ledru-Rollin?

Il y a quelques jours, M. de Montalembert, dans ce chef-d'œuvre de passion, fort peu chrétienne, qui a si étrangement remué notre sénat conservateur, a fait du radicalisme la doctrine de la tyrannie. C'est là, même aux yeux d'hommes qui ne sont nullement radicaux, un singulier renversement de principes. C'est prendre pour le fond d'une doctrine la forme temporaire, locale, mauvaise parfois, qu'elle peut revêtir. Par lui-même, le radicalisme tend évidemment à donner à tous la plus grande liberté, la plus grande somme de droits possibles. Quel est le type de gouvernement qu'il propose en général à l'Europe? Celui des Etats-Unis d'Amérique. Or, nous le demandons, où trouver plus que là de liberté religieuse, politique, civile, individuelle? Le tort du radicalisme, qu'il faut imputer aux hommes et non aux principes, a été long-temps de vouloir appliquer ce type à notre vieille Europe de gré ou de force, sans tenir compte des résistances naturelles que les habitudes, les mœurs, les formes des États y opposent, et de prétendre surmonter violemment ces résistances. Ce tort, M. de Montalembert devrait le pardonner plus que tout autre. Car il est celui d'une foi ardente, aveugle, qui ne connaît pas d'obstacles; il a été trop long-temps celui de la foi religieuse, convertissant par le glaive et faisant violence aux hommes pour faire leur salut. Nous commençons, grâce à Voltaire, à mieux entendre et pratiquer l'esprit religieux; nous ne séparons plus la foi de la tolérance et de l'humanité. Ce progrès, dans une autre sphère, le radicalisme est en voie de l'accomplir. Il apprend à unir inséparablement le respect des libertés particulières au dogme de la liberté universelle. Qui dans son sein parle encore de dictature? Qui n'y condamne aujourd'hui les agressions à l'ordre et à la paix publique? N'est-ce pas M. Ledru-Rollin lui-même qui disait au banquet de Châlons : « L'action démocratique ne peut être féconde dans ses résultats, *pacifique* dans ses moyens, qu'autant qu'elle se généralisera chaque jour et deviendra *presque unanime*. Préparons-la donc par la propagande incessante de la pensée. » Que trouverait le plus trembleur des hommes à reprendre dans ces paroles? Certes, ces moyens-là valent mieux que des balles de fusil. Une pareille guerre ne saurait déplaire aux vrais amis de l'ordre et de l'humanité. Eh bien ! voilà un progrès vraiment social, auquel ont aidé les banquets, et qu'ils ont servi à constater.

Ils ont, en outre, rapproché des esprits hostiles jusqu'alors, faute de se connaître ; ils leur ont fait accepter le joug de la discipline des partis. Ils les ont ainsi préparés, habitués d'avance à ces concessions pratiques, à ces transactions honnêtes, qui n'altèrent en rien les principes ; mais sans lesquelles les gouvernemens représentatifs ne seraient plus que l'oppression systématique des minorités par les majorités, ou plutôt, il n'y aurait pas même de majorités possibles. Un but commun et légal s'offrait à l'Opposition et aux radicaux ; ils unissent leurs efforts pour l'atteindre. Que voient d'immoral à cela nos docteurs de la corruption? Le but atteint, chacun reprendra sa route ; mais si elle est diverse, du moins sera-t-elle pour tous constitutionnelle. C'est pourquoi l'Opposition n'a pas à se repentir de son alliance avec le parti radical, alliance trop restreinte sans doute, puisqu'elle n'a qu'un but, la Réforme électorale et parlementaire, mais que l'avenir peut étendre à d'autres objets d'un commun intérêt.

Un dernier résultat, que l'on peut regarder

comme acquis, du mouvement réformiste, c'est la force qu'y a gagnée l'Opposition de gauche. Dans la campagne héroïque qu'il vient d'accomplir, son infatigable chef, M. Barrot, a grandi, avons-nous dit, en talent, en puissance. Il s'est fait connaître de plus près à ses amis et à ses adversaires. Aux premiers, il a prouvé l'énergie de ses convictions politiques, l'étendue de ses projets de réforme; aux seconds, pour beaucoup desquels il était un épouvantail, il a montré la mesure toute constitutionnelle de son opposition ; à tous, il a fait voir la corruption et les vices du régime électoral, et la possibilité d'y porter remède, sans mettre en péril l'ordre politique ou social. Qui n'a-t-il pas convaincu que c'est par dévouement à la Constitution même que l'Opposition fait appel au pays! Et, du même coup, qui n'a-t-il pas guéri des terreurs imaginaires à l'aide desquelles on dénie ou retire à la liberté ses plus précieuses garanties.

M. Barrot doit sentir aujourd'hui de quelle popularité il est armé, et qu'il faudra bien désormais que l'on compte avec lui et le grand parti qu'il dirige. On a reproché à l'Opposition d'avoir donné au ministère du 1er mars un appui sans conditions. Si ce ministère eût vécu, il est probable que l'alliance, dans de pareils termes, n'eût pas duré long-temps ; mais si peu qu'elle ait duré, c'est l'Opposition qui en a fait les frais. Il ne doit plus en être de même à l'avenir. M. Barrot a maintenant la force et les moyens d'exiger de tout ministère qui s'appuierait sur l'Opposition des gages préalables de son esprit libéral et réformiste. Ceci nécessite un rapide examen de la situation des partis et des hommes. Mais, pour l'aborder, il nous faut sortir du domaine des conquêtes accomplies, et entrer dans le champ de celles qui se font ou restent à faire.

Nous devrions sans doute compter parmi les résultats de l'agitation réformiste, la petite avalanche de réformes financières ou autres, que le discours du Trône a laissé tomber sur la Chambre. Si le ministère, malgré ses dédains pour l'opinion, s'est résigné à lui donner cette satisfaction, plus apparente, au surplus, que réelle, personne assurément n'en fait honneur à sa bonne volonté. Chacun sait qu'en fait de *proprio motu*, les siens ne sont pas tournés au progrès. Par quel enchantement donc, ce qu'il trouvait si inopportun l'an passé, a-t-il pris à ses yeux un si soudain à-propos ? Par quel art, par exemple, ces réformes de la taxe des lettres et de l'impôt du sel, dont une seule même était alors impossible, sont-elles aujourd'hui réalisables ? Quelle soudaine réminiscence du bien-être populaire! Pour de telles métamorphoses il faut un grand magicien. Trouvez-en d'autre que la grande voix publique éclatant dans les banquets. Cela n'est pas douteux ; mais ce qui l'est, et beaucoup, c'est, d'une part, que ces prétendues réformes soient foncièrement progressives, et, de l'autre, qu'elles aboutissent de long-temps à quelque chose. Les innovations du ministère sur les patentes et les annonces judiciaires, ne nous promettent rien de libéral de sa part, et la conversion des rentes votée plusieurs fois par la Chambre des députés est encore à faire. C'est pour cela que nous reléguons, sans trop de regrets, dans le futur contingent, la bonne venue des fœtus ministériels.

Mais qu'importe à MM. Guizot et Duchâtel? En présentant à la Chambre des projets de loi à défrayer une législature, ils n'ont évidemment qu'un but : donner le change à l'opinion publique. Elle réclame avant tout des réformes politiques, ils répondent finances et régime hypothécaire. Qui pensent-ils tromper par là ? La seule chose qui manque à leurs profusions est justement celle qu'on désire, et qu'on désirera d'autant plus qu'ils la refusent. Ils ne s'y méprennent pas eux-mêmes, et donneraient volontiers une année de fonds secrets à qui distrairait le pays de sa manie politique. Une promenade militaire en Suisse les y eût aidés. Ç'aurait été leur campagne d'Espagne ou leur prise d'Alger, qui n'ont pas sauvé pourtant la Restauration, tant s'en faut. Quelle fortune ! Ecraser du même coup le libéralisme en Suisse et lui fermer la bouche en France ! Hélas ! lord Palmerston leur a refusé cette joie, et les voilà derechef en présence de cette nécessité maudite de la Réforme électorale et parlementaire. En cela comme en tout, il y a bien deux partis à suivre, et ce n'est pas que M. Guizot préfère au fond l'un à l'autre. Ayant choisi le parti de résister, il prendrait aussi bien celui de céder, s'il osait et s'il pouvait. Mais il n'ose ni ne peut, et ce ne sont pas les conservateurs progressistes qui lui prêteront main-forte. Le ministère du 29 octobre traînera donc cette épine à son pied jusqu'à ce qu'il en meure et sa politique avec lui.

C'est ici que l'Opposition devra intervenir et que commencera son action directe sur le gouvernement.

Quels que soient les hommes appelés à relayer MM. Guizot et Duchâtel, ils se sentiront toujours aux flancs l'éperon de la Réforme. L'Opposition ne faillira pas à l'y enfoncer sans relâche. Force leur sera, pour gouverner, de satisfaire à ce premier besoin du pays. Mais comme ils pourront bien rencontrer quelque part une résistance prononcée à toute réforme politique, il leur faudra chercher ailleurs un solide point d'appui. Ils ne le trouveront que dans l'Opposition. Que ce soit M. Molé avec M. Dufaure, M. Thiers avec M. Billault, ou tels autres personnages qu'il plaira, ils en viendront également là, plus ou moins vite.

D'autres motifs d'ailleurs les y amèneront. De ces futurs chefs de cabinet, l'un certainement, pour avoir tenté sans ordre le renversement de M. Guizot, a perdu la faveur de la Couronne ; le second, pour d'autres raisons, est loin de l'avoir regagnée. S'ils arrivent au pouvoir, ils seront, malgré tant de services, plutôt subis qu'acceptés. La majorité royaliste suivra infailliblement les variations de son baromètre politique. Elle servira des ministres nouveaux en réfractaire, et sera toujours prête à déserter. Pour des hommes d'État et de cœur, la position ne sera pas tenable, ou ne le sera qu'à une condition, à savoir de s'appuyer fortement sur l'Opposition nationale.

S'ils aspirent donc à la possession réelle du gouvernement et non à de vains titres, il faut qu'ils l'emportent de haute lutte. Ils ne le peuvent sans l'Opposition. Qu'ils soient donc hautement de l'Opposition, partagent ses campagnes dans le pays, comme ses luttes dans le Parlement. S'ils n'ont pas pris part aux banquets, qu'ils les défendent au moins!

S'ils n'ont pas signé l'union réformiste, qu'ils l'avouent désormais ! Qu'ils proclament enfin que ce qu'ils veulent, en cherchant le pouvoir, c'est l'avènement des principes libéraux de l'Opposition, et au besoin de ses hommes ; c'est, avant tout, la Réforme électorale et parlementaire. Quelques dissidences éventuelles d'application ne sauraient les arrêter, pas plus que l'Opposition ne s'y arrête elle-même en leur prêtant appui. Voilà ce que M. O. Barrot est en droit d'exiger aujourd'hui, ce qu'il est assez fort pour imposer à l'avenir ; y manquer, serait faillir à lui-même et à son parti. C'est ce qu'il ne fera pas.

Par là, une nouvelle situation est faite à l'Opposition, un nouveau rôle lui est assigné. Trop longtemps, elle a laissé croire qu'elle avait horreur du pouvoir, qu'elle craindrait en y mettant la main de la souiller ; qu'elle était simplement faite pour critiquer, non pour gouverner, et que ce serait là son rôle éternel. Bien des esprits positifs se sont détachés d'elle par cette seule cause, et lui reviendraient dès qu'elle marcherait droit et pour son compte, à l'assaut du gouvernement. Qu'elle renonce donc à cette abnégation, fort désintéressée sans doute, mais qui court le risque de n'amener jamais le triomphe et l'application de ses doctrines. On ne croit guère qu'aux prétentions que les gens affichent, et on mesure trop souvent les capacités sur les prétentions. L'Opposition a été jugée comme parti de gouvernement, sur sa modestie même. Les prétendus Conservateurs s'estiment tout au rebours ; mais leur politique, au dedans comme au dehors, témoigne assez qu'ils n'ont de gouvernemental que la vanité et le nom fort peu français. C'est à l'Opposition à montrer un jour qu'elle possède mieux la chose que le mot ; mais il faut qu'elle s'y prépare et qu'elle le dise.

Si elle le faisait ouvertement, comme nous osons le lui conseiller, elle ne tarderait pas à voir un bon nombre de fonctionnaires publics de tout ordre suivre son drapeau, et prendre part avec elle aux manifestations légales de l'opinion. Beaucoup secoucraient cette indécision qui les tourmente, placés qu'ils sont entre leurs convictions, leurs devoirs de citoyen, et leurs habitudes, leurs intérêts, leurs nécessités de fonctionnaires. Ils ne croiraient pas sacrifier leur carrière, sacrifice énorme et que l'on n'ose pas leur demander, quand ils professeraient les idées d'un parti, qui peut être demain au pouvoir. Que d'autres aussi seraient ramenés à l'impartialité administrative, s'ils avaient à redouter un lendemain d'élections ! M. Guizot le savait bien et le faisait voir en 1839, et plus d'un préfet à cette époque est demeuré pur des corruptions électorales, parce qu'il pouvait avoir pour supérieurs et pour juges ses adversaires de la veille.

Est-ce à dire que le déplacement du pouvoir et l'avènement de l'Oppposition doive être le signal d'une perturbation universelle dans la sphère administrative ? A Dieu ne plaise ! Mais il est de toute nécessité, que, d'une part les fonctionnaires libéraux, négligés ou persécutés pour leurs opinions, de l'autre les administrateurs, disposés à user de leur autorité pour intimider ou corrompre, s'attendent également qu'il leur sera fait bonne justice aux uns et aux autres. Quand cette ferme conviction règnera à tous les degrés de l'administration, son impartialité sera probable : l'intérêt alors la lui commandera comme le devoir.

Si nous parlons des fonctionnaires, c'est qu'il nous paraît très important pour l'Opposition d'obtenir le concours ostensible de ceux d'entre eux qui partagent ses principes. Par leurs lumières, par leur crédit, par leur considération personnelle, ils ajoutent une grande autorité à ses actes. Par leur caractère, les ménagemens dus à leur position, ils lui imposent la modération dans les formes. Leur présence dans les banquets, par exemple, a été une garantie d'ordre pour les uns, une cause de sécurité légale pour d'autres, plus rassurés en pareille compagnie contre l'arbitraire de la police, enfin, une preuve sans réplique de la réprobation excitée, par les actes de l'administration, jusque dans ses propres rangs. De courageux exemples ont été donnés par la plus haute magistrature des départemens. Ils ne seront pas perdus.

Cette nouvelle attitude de l'Opposition constitutionnelle devrait-elle effaroucher les radicaux? Nullement, car ce serait une partie de leurs idées, celle qu'elle accepte et défend avec eux, qu'elle porterait au pouvoir. Ses succès seraient jusqu'à un certain point les leurs. Les progrès politiques qu'elle accomplirait seraient aussi dans une certaine mesure à leur profit. Il ne faut pas oublier que ceux qu'elle médite sont peut-être les seuls que comporte quant à présent notre éducation politique. Si la Réforme électorale et parlementaire peut conduire à beaucoup d'autres, elle renferme elle-même des degrés divers, auxquels s'arrêtent pour le moment les divers partis de l'Opposition, mais dont il faut bien monter les premiers pour atteindre les derniers. C'est ce que comprennent les hommes intelligens du Radicalisme.

Pour mon compte, j'ai entendu des radicaux non de fraiche date, mais ayant fait dès long-temps leurs preuves, et des plus signalées, déclarer hautement que s'ils tenaient à cette heure la République dans leurs mains, ils ne la lâcheraient pas sur la France. Ces hommes, vifs d'opinions, mais après tout raisonnables et pratiques, savent être de leur temps et de leur pays. « Qu'on nous donne, ajou- » taient-ils, le gouvernement représentatif dans » sa pureté, tel qu'il doit découler de la Charte » de 1830, et nous accepterons et servirons cette » meilleure des Républiques, sans nous inquiéter » si le président en est électif ou héréditaire. »

« Je suis radical, s'écriait un orateur au banquet de Béthune..... Unissons-nous, vous qui croyez encore, nous qui avons cessé de croire..... mais supposez que le pouvoir veuille bien s'arrêter dans sa voie rétrograde, qu'il fasse remonter la France au rang qui lui appartient, eh bien! tant mieux. Les individus ne sont rien, le pays est tout. Nous avons un système politique auquel nous tenons. Il ne triomphera pas, c'est vrai; mais qu'importe! Ce que nous voulons avant tout, c'est le bonheur du pays. » C'était parler en vrai patriote.

Et M. de Lamartine, qu'au banquet de Lille M. Ledru-Rollin revendiquait avec orgueil au nom du Radicalisme, n'écrivait-il pas à peu de jours de là, dans sa dernière profession de foi politique. « Qu'un gouvernement réalise les améliorations » que réclame la démocratie moderne; je lui pro- » mets mon appui, et ne lui demanderai pas s'il » porte une couronne ou un chapeau. »

C'est qu'en effet, dans les pays constitutionnels, où l'autorité royale, n'est qu'une émanation de la souveraineté d'un peuple, elle peut se concilier dans une très large mesure avec les conséquences de cette souveraineté. Fidèle à son principe, elle peut se prêter aux développemens qu'il comporte. Et nous osons prétendre que si, dans cette voie, la royauté perd de son influence personnelle et de son faux prestige, elle y gagne une popularité, une grandeur et une puissance que n'atteignent pas les monarchies absolues. On en a cité cent fois pour preuve l'énormité des budgets obtenus en Angleterre et en France par la royauté constitutionnelle.

Malheureusement on n'a guère songé à en fournir d'autres. Celles-ci restent à faire. Et c'est à voir si elles peuvent être faites et jusqu'à quel point tend au fond le mouvement réformiste.

CONCLUSION.

Nous avons montré l'origine de l'Union réformiste, les grands partis de l'Opposition y préludant par leur alliance dans le Parlement et les élections, amenés enfin à la conclure par le besoin qu'ils ont eu les uns des autres, et la manifestant avec éclat dans les banquets.

Nous avons raconté ces solennités politiques, fait ressortir leur grand caractère, empreint de calme et d'enthousiasme, leur esprit d'union et de légalité, de conciliation et de franchise, l'ordre inaltérable, la discipline volontaire qui s'y sont maintenus, en un mot tout ce qui a constitué l'agitation pacifique pour la Réforme.

Nous avons indiqué comme résultats acquis et directs de cette campagne.

1° L'usage des grandes réunions politiques, la confiance qu'a reprise le pays en sa propre modération;

2° L'heureux essai de l'agitation légale, et la renaissance de la vie politique.

3° La mise à l'ordre du jour de la Réforme électorale et parlementaire, et la preuve que c'est le pays légal lui-même qui la réclame.

4° Le retour définitif du parti radical à la propagande légale et pacifique, attesté et cimenté par son alliance publique avec l'Opposition constitutionnelle.

5° La puissance accrue de cette Opposition et de son chef.

Comme résultats indirects et en voie d'accomplissement, nous avons fait voir le ministère subissant lui-même par contre-coup l'influence des besoins de réforme, cherchant inutilement à leur donner le change, et, d'un autre côté, impuissant à y satisfaire.

Nous avons effleuré les éventualités ministérielles et dit quelle action l'Opposition de gauche devait à l'avenir y exercer.

Nous l'avons invitée dans cette vue à devenir plus que jamais un parti de gouvernement, d'abord parce que c'est le moyen d'augmenter la masse de ses adhérens et de se rattacher les fonctionnaires, bien disposés pour elle, et ensuite parce que ses idées ne sauraient être mieux appliquées par d'autres que par elle-même.

Nous avons enfin montré que le Radicalisme pouvait suivre l'Opposition dans cette voie, et qu'il y marche déjà.

« Voilà sans doute, nous dira-t-on, quelque chose » et même beaucoup. Mais la Réforme elle-même! » quand l'aurons nous? C'est le seul résultat que » nous n'entrevoyons pas encore clairement dans le » présent, ni dans un prochain avenir. Êtes-vous » assurés, nous a-t-on demandé dans les banquets » et ne manquera-t-on pas de nous redemander ici, » avez-vous seulement l'espoir d'obtenir bientôt ou » de quelque temps la Réforme parlementaire, la Ré» forme électorale? »

Nous répondrons ici ce que nous répondions alors. Nous confessons en toute humilité que nous ne savons sonder ni les reins ni les cœurs. Nous n'oserions affirmer que le système actuel doive jamais laisser échapper volontairement de ses entrailles des réformes politiques. Nous avons même, à parler franc, toutes raisons de penser le contraire.

Mais la nation n'a-t-elle donc aucun moyen d'obtenir ce qu'elle veut fortement et constamment? Le pouvoir n'en a-t-il donc jamais fait qu'à sa guise? En France même, où depuis 1830, grâce à beaucoup d'habileté d'un côté et à bien des fautes de l'autre, il a acquis une telle prédominance, n'a-t-il pas subi quelques contraintes des plus sensibles, par exemple, le renvoi de M. Molé et du ministère de famille, le rejet des lois de disjonction, la réprobation du droit de visite, le refus constant d'apanages et de dotation.

Il est bien vrai que le pays s'est borné dans tout cela à empêcher le mal, et qu'il est toujours plus difficile d'obliger à faire le bien. Mais si l'Angleterre, malgré des difficultés pour le moins aussi grandes, a pu obtenir et la réduction considérable des fonctionnaires députés aux Communes, et en 1832, par le bill de réforme, l'extension des droits électoraux à plus de 600,000 citoyens, pourquoi donc la France désespérerait-elle d'avoir aussi ses réformes politiques, dût-elle les imposer.

Que les banquets se répètent et se multiplient; que les pétitions s'accumulent chaque année sur la tribune du Parlement; que le pays en un mot témoigne sans relâche ses vœux de réforme, et l'on y cédera.

Ce n'est pas, pour notre compte, ce qui nous inquiète le plus. Il est un autre écueil plus à craindre ici que le découragement, c'est une confiance imprudente. Bien des gens se laissent dire, et les familiers du pouvoir répondent à demi-voix, que les réformes politiques seront l'œuvre spontanée d'un autre règne, et qu'il n'y a qu'à les attendre. Nous voudrions croire qu'on se réserve d'en faire un don de joyeux avènement. Cet espoir nous ferait prendre patience, surtout si une longue attente devait être payée par une large réforme. Mais c'est là tout simplement un leurre. Comment se flatter que la faction qui tient le pouvoir se résoudra jamais d'elle-même à des mesures qui le lui enlèveraient pour toujours ? Il n'y a d'ailleurs que des hommes très populaires qui puissent sans péril inaugurer une minorité par des réformes politiques. Or, on se gardera bien de tels hommes et de pareils actes, quand même on devrait, par eux, intéresser plus de citoyens à l'ordre établi, et ramener des adversaires.

Gardons-nous soigneusement de cette illusion. Elle s'évanouirait bientôt et laisserait la nation déçue, mécontente, désunie peut-être en face d'éventualités menaçantes. Ce serait l'ajournement indéfini des réformes ; ce serait peut-être un grave danger pour le pays.

Disons hautement ce qui est vrai. Pas plus alors qu'aujourd'hui le pouvoir ne fera volontiers de réformes politiques. Pour en obtenir, ne comptons que sur nous-mêmes, et pour les avoir plus tôt, ne désarmons pas. Nous gagnerons toujours à en agir ainsi. Si nous ne pouvons fortifier la liberté par les lois, nous la fortifierons par les mœurs, ce qui vaut mieux encore. L'éducation politique de notre pays est presque à faire. La Réforme électorale et parlementaire ne peut en être le moyen ; qu'elle en soit le but et le prix.

Je ne saurais dire si la Réforme, quels que fussent ses autres avantages, nous donnerait à coup sûr l'esprit public qui nous manque encore. On s'endort en France si volontiers sur le succès. Mais notre éducation politique achevée nous donnerait certainement la Réforme, et avec celle-là toutes les autres. Ce serait une conquête plus pénible et plus lente, mais assurément plus solide.

Soit donc que nous devions bientôt arracher au pouvoir actuel les réformes politiques que nous poursuivons, soit qu'il faille les espérer longtemps encore, ne faiblissons pas dans notre œuvre. Tout fruit mûrit à point à qui sait le cultiver et l'attendre. Nos efforts et notre patience ne seront point stériles. Avec la Réforme électorale et parlementaire en vue, nous marcherons plus résolument et d'un pas plus soutenu dans la vie politique. Nous rallierons et disciplinerons le parti de la liberté. En continuant l'agitation pacifique et légale, nous préparerons et hâterons le jour où la nation, fortifiée par cette laborieuse épreuve, réclamera avec calme, avec ensemble, avec certitude, et obtiendra enfin toute satisfaction.

LISTE DES VILLES

DANS LESQUELLES ONT EU LIEU LES BANQUETS RÉFORMISTES,

ET LISTE GÉNÉRALE

DES TOSTES PORTÉS DANS LES BANQUETS.

Note A.

LISTE DES VILLES

DANS LESQUELLES ONT EU LIEU DES BANQUETS RÉFORMISTES (1).

Paris.
Colmar.
Pontoise.
Reims.
Strasbourg.
Bar-le-Duc.
Soissons.
Forges (Seine-Infér.).
Saint-Quentin.
Périgueux.
L'Ile-Jourdain.
Meaux.
Orléans.
Coulommiers.
Damville (Eure).

Alby.
Compiègne.
Dijon.
Montargis.
Lyon.
Epinal.
Condom.
Saint-Germain-en-Laye.
Amiens.
Castres.
Châteaudun.
Montpellier.
Rochechouart.
Arras.
Le Neubourg (Eure).

---

(1) Cette liste présente peut-être quelques omissions, plusieurs villes ayant annoncé des banquets sur lesquels les renseignemens nous ont manqué.

Il en est de même pour la liste des tostes.

Vitré (Ille-et-Vilaine).
La Charité-sur-Loire.
Melun.
Chartres.
Saint-Marcellin (Isère).
Autun.
Lille.
Avesnes.
Valenciennes.
Loudéac.
Béthune.
Valence.
Saintes.
Saint-Denis (Seine).
Châlon-sur-Saône.
Vienne.
Romans.
Maubeuge.
Limoges.
Rouen.
Toulouse.
Cambrai.
Paris (12me arrond.) (1).

(1) Ce banquet, complètement organisé, est ajourné pour peu de temps.

NOTE B.

LISTE GÉNÉRALE

DES TOSTES PORTÉS DANS LES BANQUETS.

PARIS, 9 juillet 1847. Banquet du Château-Rouge. Président, M. DE LASTEYRIE père.

MM. de Lasteyrie père, président du Comité central de Paris : A la souveraineté nationale!

Recurt, vice-président du Comité central : A la Révolution de 1830!

Odilon Barrot, député : Réponse au toste : A la Révolution de juillet!

Pagnerre, secrétaire du Comité central : A la Réforme électorale et parlementaire!

Duvergier de Hauranne : Réponse au toste à la Réforme électorale et parlementaire.

Senard, président du Comité des électeurs de l'Opposition de Rouen : A la ville de Paris!

Marie député de Paris : A l'union de Paris et des départemens!

Grisier, membre du Comité central : A l'amélioration du sort des classes laborieuses !

Gustave de Beaumont, député : Réponse à ce toste.

Riglet, membre du Comité central : A la Presse !

Chambolle, député, rédacteur en chef du *Siècle* : Réponse.

Marrast, rédacteur en chef du *National* : Réponse.

Frédéric Degeorge, président du Comité de la presse départementale : Réponse.

Hametin, membre du Comité central : Aux députés de l'Opposition !

Léon de Malleville, vice-président de la Chambre des députés : Réponse et toste Au Comité central !

COLMAR, 8 août Président, M. ROSSÉE, premier président de la Cour royale de Colmar.

MM. Fleurant, avocat à la Cour royale : A la Réforme électorale !

Kœnig : A l'Union des peuples !

Chauffour, membre du conseil municipal : A la Révolution française ! à la réalisation pacifique mais sincère, progressive mais constante de ses doctrines et de ses principes !

Jœuger : A l'organisation du travail !

de Heckeren, membre du conseil général du Haut-Rhin : A l'honneur national!
Yves : A la probité des pouvoirs publics!
Bœrsh, membre du conseil municipal de Strasbourg : Aux patriotes du Haut-Rhin!
Koch : Aux patriotes du Bas-Rhin!
Coulmann, ancien député du Bas-Rhin : Réponse.
Fuchs : A M. Rossée, président du banquet!
Rossée : Au Roi des Français!

PONTOISE, 22 août. Président, M. BERVILLE, député.

MM. *Coulbeaux* : Au roi constitutionnel des Français!
Martel, conseiller d'arrondissement : A M. Berville, député de Pontoise!
Berville, député : discours sur la Réforme électorale et parlementaire et toste Aux électeurs de Pontoise!

REIMS, 31 août. M. DÉRODÉ, président.

MM. *Dérodé*, président : Au roi constitutionnel!
L. Faucher, député de Reims : A la Réforme électorale!
Pérignon, député de Sainte-Ménehould : A la conscience et à la probité politiques!

Demaison-Henriot : A la Réforme administrative !

Ed. Henriot : Au progrès de la liberté en Europe !

Carpentier : A la garde nationale !

Ad. David : A M. L. Faucher !

STRASBOURG, 5 septembre. M. LIECHTENBERGER, bâtonnier de l'ordre des avocats et conseiller municipal, président.

MM. *Liechtenberger*, bâtonnier de l'ordre des avocats et conseiller municipal, président : A la souveraineté nationale !

Lobstein fils : A l'avenir de la France !

Edouard Gloxin : A la probité politique !

Steiner, conseiller municipal : A la Réforme électorale et parlementaire !

B.... : A l'organisation du travail !

Ch. Boersch, conseiller municipal et rédacteur en chef du *Courrier du Bas-Rhin* : A la Révolution française ! aux principes et aux souvenirs de 1789 et de 1830 !

Coulmann, ancien député du Bas-Rhin : A l'Union de toutes les opinions libérales !

De Bancalis, conseiller d'arrondissement de Sebstat : Aux honnêtes gens de tous les partis !

Martin (de Strasbourg), ancien député : A l'Union de toutes les nuances de l'Opposition libérale, et de tous les hommes honnêtes !

Silbermann, conseiller municipal : Aux patriotes de l'Alsace !
Ignace Chauffour : Aux patriotes du Bas-Rhin !
Kayser : A l'association des écoles ; au progrès !
Kügler : Au président du banquet !

BAR-LE-DUC, 9 septembre. Président, M. PAULIN GILLON, maire de la ville.

MM. Paulin Gillon : Au roi constitutionnel des Français !
Etienne, député de la Meuse : A la moralité des pouvoirs publics !
Chadenel, secrétaire du conseil général : A la Réforme électorale !
Brien : A l'honneur national !

SOISSONS, 12 septembre. Président, M. LHERBETTE, député de Soissons.

MM. . . . : Au roi des Français !
. . . : A la députation de l'Aisne !
Lherbette : A la moralité dans le gouvernement !
Missa : A la Réforme électorale et parlementaire !
Odilon Barrot : A la réforme des lois électorales et des mœurs politiques !

Quinette, député de l'Aisne : A l'agriculture et au commerce !

Soul : A l'union des patriotes et à leur persévérance !

Lemaire : A l'avenir de la France !

Griffon, conseiller municipal : A M. Quinette, ancien maire de Soissons !

FORGES (Seine-Inférieure), 12 septembre.

M. LELONG, conseiller d'arrondissement, président.

MM. Mignot, conseiller d'arrondissement : A M. Desjobert !

Desjobert, député de la Seine-Inférieure : Réponse et toste A la Réforme !

Le docteur *Cisseville* : A M. J. de Lasteyrie, député de la Sarthe !

Jules de Lasteyrie : Réponse et toste A l'Economie dans les dépenses !

Mallard : A la Réforme électorale !

Lelong, président : Allocution.

Marette : Discours sur la corruption.

Decaux, maire de Forges : A la garde nationale !

SAINT-QUENTIN, 19 septembre. Président, M. CH. LEMAIRE, maire de Saint-Quentin.

MM. Vivien, de Lamartine, Dupont de l'Eure, députés, *Béranger* : Lettres d'adhésion au banquet.

Dufour, membre du conseil général : A la Réforme électorale et parlementaire !

Lherbette, député de Soissons : Réponse.

Beauchart, membre du conseil général de l'Oise : A la députation de l'Aisne !

De Cambacérès, député de Saint-Quentin : Réponse et toste A la vérité du gouvernement représentatif !

Quinette, député de Vervins : Aux communes de France !

Corne, ancien député, président du tribunal civil de Douai : A la régénération de l'esprit public !

Gavet : A la presse indépendante !

F. Degeorge, rédacteur en chef du *Pas-de-Calais* : Réponse.

Henri Martin : A la sainte alliance des peuples !

V. Considérant, rédacteur en chef de la *Démocratie pacifique*, membre du conseil général de la Seine : A l'accomplissement des destinées de la France ! A l'organisation progressive de la fraternité dans l'humanité !

Souplet, rédacteur en chef du *Guetteur* et membre du conseil municipal : Au Comité central de Paris !

Pagnerre, secrétaire du Comité central : Réponse.

Tillancourt, conseiller général de l'Aisne, président du comice agricole de Château-Thierry : A l'agriculture ! à l'industrie manufacturière ! au commerce et à l'union de toutes les branches de la production nationale !

Magnier : A la classe ouvrière !
Théophile Dufour, vice-président du comité électoral de Saint-Quentin : Aux députés de l'Opposition !
Odilon Barrot, député de l'Aisne : Réponse.

PÉRIGUEUX, 19 septembre. M. MEYRAUD, président.

MM. *Dubois*, juge au tribunal civil : A la réforme!
Charpentier de Bellecour : A la moralisation du pouvoir ! à celle du pays !
Decous-Laperrière : A la révolution, à la résurrection de l'Italie !
Chastenet : A la Papauté démocratique !
Villamonte : A la Révolution de 1789 !
Odon de la Roche-Félines : A la Presse ! à sa liberté !
Dupont, rédacteur en chef de l'*Écho de Vésone* : Aux députés réformistes de la Dordogne !
Taillefer, député de Sarlat : A la Réforme électorale !
Lapeyrière (*Eugène*) : A l'organisation du travail !
Chavoix, conseiller général de la Dordogne; A l'union des partis, pour obtenir la pureté et la sincérité du gouvernement représentatif !

L'ILE-JOURDAIN (Gers), fin septembre.
Pas de renseignemens.

MEAUX, 26 septembre. Président, M. DUMOULIN-DUSAYS.

MM. Houzelot, secrétaire du comité électoral : A la Réforme électorale et parlementaire !

Odilon Barrot, député : Réponse à ce toste.

Charbonneau, ancien membre du conseil général : A la mémoire de Lafayette !

Georges Lafayette, député : Réponse.

Damaireau, ancien président du tribunal de commerce : Au député de l'arrondissement de Meaux.

Oscar Lafayette, député de Meaux : Réponse et toste A la probité politique !

Bully, membre du conseil municipal : A l'agriculture, au commerce et à l'industrie!

Cordier : A nos hôtes, MM. les députés !

Larabit, député de l'Yonne : Réponse.

De Lasteyrie, président du comité central de Paris : Aux liens indissolubles qui unissent les patriotes de Paris à ceux des départemens !

Paul Cère : A la propagation des comités électoraux !

Adrien : Aux électeurs des arrondissemens de Melun, Coulommiers, Provins et Fontainebleau !

Drouyn de l'Huys, député de Melun : Réponse.

Garnier (de Lisy) : Aux classes laborieuses !

Odilon Barrot : Au président et aux commissaires du banquet!

ORLÉANS, 23 septembre. M. ABATUCCI, président à la Cour royale et député d'Orléans, président du banquet.

MM. *Danicourt*, conseiller municipal : A la souveraineté du peuple ! à la souveraineté nationale !

Pereira, conseiller municipal et d'arrondissement d'Orléans : A la Réforme électorale et parlementaire !

Abatucci : Réponse à ce toste.

Greffier : A la probité politique !

Péan, membre du comité central de Paris, électeur à Orléans : A l'honneur national !

Crémieux, député d'Indre-et-Loire : Réponse à ce toste.

J. Tricot, conseiller municipal : Aux travailleurs ! A l'amélioration des classes laborieuses !

Marie, député de la Seine : Réponse à ce toste.

Sallé : A la garde nationale !

Amy, colonel de la garde nationale : Réponse.

Marchand, maire-adjoint d'Orléans et conseiller général : Aux députés de l'Opposition !

Roger, député de Gien (Loiret) : Réponse.

COULOMMIERS, 30 septembre. Président, M. DESPOMMIERS, conseiller-général de Seine-et-Oise.

MM. *Despommiers* : A la souveraineté nationale et à la royauté constitutionnelle !

Nottin, conseiller d'arrondissement : A la Réforme électorale et parlementaire !

Louis Viardot : Même toste.

J.-B. Josseau : A la moralité publique!

Drouyn de l'Huys, député de Melun : Discours sur la corruption politique.

Blavot, conseiller d'arrondissement : A M. Georges Lafayette !

G. Lafayette, député de Coulommiers : Réponse et toste Aux banquets politiques de 1847 !

Delamare, maire de Coulommiers : A la mémoire du général Lafayette !

Jules de Lasteyrie, député de La Flèche (Sarthe) : Réponse.

Edmond Lafayette : Aux députés de l'Opposition !

Odilon Barrot : Réponse et toste A l'arrondissement de Coulommiers.

De Varennes, ancien maire : Au vénérable président du comité central de Paris, M. de Lasteyrie père !

Ferdinand de Lasteyrie, député de la Seine: Réponse et toste : A l'union des électeurs de la France !

P. Despommiers : A l'union des électeurs de Seine-et-Marne !

Chappon, président du tribunal de commerce : A tous les électeurs de France !

DAMVILLE (Eure), 3 octobre. Banquet cantonnal. Président, M. PICARD, conseiller municipal d'Évreux et secrétaire du comité électoral de l'Eure.

MM. Picard : A la réforme électorale !
A l'amélioration du sort des classes ouvrières!
A la moralité des pouvoirs publics !
A la souveraineté du peuple !

Baziret et Morise, chefs de bataillon de la garde nationale: A l'union des gardes nationales!

De St-Amand : A M. Dupont (de l'Eure), député !

Picard : A M. Garnier-Pagès, député !

VITRÉ (Ille-et-Vilaine), le 3 octobre.

. . . . A la réforme électorale et parlelementaire !
. . . . A la régénération sociale!
. . . . A l'accomplissement des promesses de la Charte!

. . . . A la presse indépendante!
. . . . A la liberté de l'enseignement!
. . . . A l'égalité devant la loi!

LA CHARITÉ-SUR-LOIRE, 17 octobre. Président, **M. DUVERGIER DE HAURANNE**, député du Cher, suppléant **M. MANUEL**, député de la Nièvre, empêché.

MM. *Duvergier de Hauranne:* A la souveraineté nationale et au roi constitutionnel!

Girard, avocat et conseiller général: A la révolution de juillet!

Archambault, conseiller général et maire de Prémery: A la réforme électorale et parlementaire, et à M. Duvergier de Hauranne!

Duvergier de Hauranne: Réponse et discours sur la Réforme électorale et parlementaire!

Garnier, commandant de la garde nationale: A l'union de toutes les fractions du parti libéral, et aux comités électoraux!

Masson, conseiller général de l'Orne et secrétaire du comité central de l'Opposition constitutionnelle: Réponse.

Grangier de la Marinière, président du comice agricole de Cosne: A l'émancipation des peuples et aux progrès de la liberté dans le monde!

Ad. Massé, avocat, et conseiller général du Cher : A la liberté de la presse!

Lalvador, rédacteur en chef de l'*Union Libérale :* A la presse départementale!

Gravelis, officier de la garde nationale : A l'amélioration du sort des classes laborieuses !

MELUN, 17 octobre. Président, M. AUBERGÉ, conseiller d'arrondissement, et président du comice agricole, suppléant M. DE MAUSSION, conseiller-généaal.

MM. *Aubergé* : Au roi constitutionnel !

Cordier, conseiller municipal : A. M. Drouyn de l'Huys !

Drouyn de l'Huys, député de Melun : Réponse et discours sur la Corruption électorale.

Duclos, maire de Lieusaint, conseiller d'arrondissement : Aux députés présens!

Baulant : A la famille Lafayette !

G. Lafayette, député de Coulommiers : Réponse.

Belin, chef de bataillon de la garde nationale de Brie : Aux électeurs des arrondissemens de Seine-et-Marne!

Edmond Lafayette, avocat : Réponse.

Fontaine (de Melun), avocat : A Pie IX !

De Mancey, conseiller municipal : Au maintien de nos institutions et à leur développement progressif!

Gustave de Beaumont, député de la Sarthe : Réponse et toste Aux banquets.

Lajoye : A la presse indépendante !

De Valmery : A l'agriculture et au commerce !

Drouyn de l'Huys : Au président et aux commissaires du banquet !

CHARTRES 24 octobre. Président, M. ISAMBERT, conseiller à la Cour de cassation, député de la Vendée.

MM. Barthélemy, conseiller général d'Eure-et-Loir : A la Réforme électorale et parlementaire !

Isambert, député : Réponse et même toste.

Vavin, député de Paris, secrétaire du comité polonais : A la grandeur, à l'avenir de la France, à la restauration de l'indépendance et de la liberté en Italie et en Pologne !

Raimbault, député de Châteaudun : Aux réformes financières !

Lefèvre, avocat : Au Comité central des électeurs de la Seine !

Pagnerre, secrétaire du Comité central : Réponse.

Hennequin, rédacteur de la *Démocratie Pacifique :* A l'union de la presse parisienne et de la presse départementale !

Sellèque, rédacteur du *Glaneur d'Eure-et-Loir* : Réponse.

Cadou, négociant : Au réveil de la France !

Mariscal : A l'honneur français ; à l'antique bonne foi de nos pères ; à la probité publique et privée !

Gougis : A l'union des patriotes d'Eure-et-Loir !

Barbet, commandant de la garde nationale de Châteaudun : Aux députés indépendans !

Manoury, avocat : Au courage civil !

Martin, avoué : A la France régénérée !

Lacroix : A la garde nationale !

Damars, lieutenant-colonel de la garde nationale de Chartres : Réponse.

Rey, au nom du doyen présent des gardes nationaux de 1789 : A l'institution de la garde nationale italienne !

Isambert, député, président : A la souveraineté nationale et aux institutions constitutionnelles de France !

SAINT-MARCELLIN (Isère), 24 octobre. Président, M. MARTIN, ancien député de l'Isère.

MM. *Saint-Romme*, conseiller général de l'Isère : A la Réforme électorale et parlementaire !

F. Duvernay, avocat : A l'exécution des lois !

A. Clément, ancien procureur du roi à Saint-Marcellin : A la souveraineté du peuple !

Repellin de Grenoble : A l'union des patriotes dauphinois et de toutes les Oppositions nationales !
Monin, avocat : A l'honneur français !
Le docteur *Chalvet* : A la persévérance des patriotes !
Martin, président : Aux députés de l'Opposition constitutionnelle !
Royer, député de l'Isère : Réponse et toste A la vérité et à la moralité du gouvernement fondé en 1830 !

AUTUN, 27 octobre. Président, M. MARTIN, maire de Couches, conseiller d'arrondissement.

MM. ..... A la souveraineté nationale et au roi constitutionnel !
Martin, président : Aux grands principes proclamés par la Révolution française !

LILLE, 7 novembre. Président, M. BOUTE-POLLET.

MM. *Huré*, avocat : A la Réforme électorale et parlementaire !
(1)..... Au nouveau développement de la vie politique !

---

(1) Ces tostes devaient être portés par les invités qui se sont retirés.

.... A l'indépendance nationale !
..... A la probité politique!
..... A l'indépendance des électeurs !

Delebecque, rédacteur en chef du *Libéral du Nord* : A la presse libérale et indépendante !
..... A la dignité nationale !
..... A l'union des villes d'Amiens et de Lille !

Ledru-Rollin, député : Aux travailleurs ! à l'amélioration du sort des classes laborieuses !
..... Aux députés réformistes !
..... Au Comité central de Paris !

Ladureau : A M. Dutilleul, propriétaire de la salle du banquet !

AVESNES (Nord), 10 novembre. Président, M. ODILON BARROT.

MM. *Marchant*, conseiller général du Nord, ancien député : Au roi constitutionnel des Français !

Aubry, président de la Société d'Agriculture: A la Réforme électorale et parlementaire !

Crapez, président du conseil d'arrondissement : A la révolution de 1830 !

Gaulthier de Rumilly, député de la Somme : A la probité politique !

Vendois, conseiller d'arrondissement : A la presse indépendante ; à ses infatigables champions !

Feytaud, rédacteur du *Courrier du Nord*: Réponse.
Douai-Macarez : Aux anciens députés du Nord!
Dumont, ancien député : Réponse.
Choque, ancien député de Douai : A l'arrondissement d'Avesnes !
Corne, président du tribunal civil de Douai, ancien député de Cambrai : A la constance politique !
De Beaumont, député de Péronne (Somme) : A la garde nationale!
Walraud, commandant de la garde nationale de Maubeuge : Réponse.
Piette, conseiller général du Nord : A l'agriculture, au commerce et à l'industrie !
Devoisin, conseiller d'arrondissement : A Pie IX, régénérateur de l'Italie!
Hannoye, bâtonnier de l'ordre des avocats, conseiller général : A la souveraineté nationale!
Odilon Barrot, député : A la Réforme électorale et parlementaire !
Marchant : Aux invités!

VALENCIENNES, 11 novembre. Président, M. DUMONT, ancien député de Valenciennes.

MM. *Dumont*, président : A la Réforme électorale et parlementaire !
Gaulthier de Rumilly, député d'Amiens : A l'union des intérêts industriels et des intérêts politiques contre la corruption!

Choque, ancien député : Au progrès de la civilisation française !

De Beaumont (Somme) député de Péronne : Aux patriotes de Valenciennes !

Leclercq, commandant de la garde nationale, Réponse.

Boulanger, juge au tribunal civil de Valenciennes : Aux députés réformistes !

Odilon Barrot, député de l'Aisne : Réponse et toste à la Réforme !

Regnard : Au comité central des électeurs de la Seine dans la personne de leurs délégués !

Corne, président du tribunal civil, ancien député de Cambrai : A la moralité dans le pouvoir !

Victor Hennequin, A l'abolition de la misère par le travail !

Maugeard, avocat : A la souveraineté du peuple !

Demarne, rédacteur en chef de la *Feuille de Cambrai* : A l'union de toutes les opinions indépendantes sur le terrain national de la Réforme électorale !

Urbain Feytaud : A l'indépendance des fonctionnaires publics !

Langlé, ancien maire : A la réunion de tous les partis et au président !

Dumont, président : Réponse.

Carion : A Pie IX et au clergé réformiste !

LOUDÉAC (Côtes-du-Nord), 11 novembre. Président, M. GLAIS-BIZOIN, député de Loudéac.

MM. *Le Gorrec* et *Legraverend*, députés : Lettres d'adhésion et d'excuses.
Glais-Bizoin, député : A la Réforme électorale et parlementaire !
F. Carré : A la souveraineté du peuple et à l'amélioration du sort des travailleurs !
Tassel, député de Lannion (Côtes-du-Nord); Aux électeurs de l'arrondissement de Loudéac et à leur député !
Ollitrault-Durestre, président du tribunal de commerce de Quintin : A l'exclusion des fonctionnaires dépendans des Chambres législatives !
Boury : A Pie IX !
Garnier-Pagès, député de Verneuil (Eure) : Réponse aux tostes précédens.

BÉTHUNE (Pas-de-Calais), 14 novembre. Président, M. ODILON BARROT, député.

MM. *Ed. Degouve Denuncques* : A la souveraineté nationale !
Crémieux, député d'Indre-et-Loire : A la Réforme électorale et parlementaire !

E. Lenglet, conseiller municipal : Aux députés de l'Opposition !

Oscar Lafayette, député de Meaux (Oise). Réponse.

Ayraud Degeorge, rédacteur du *Courrier du Pas-de-Calais* : A l'union de toutes les nuances de l'Opposition, à la ligue du bien public !

Odilon Barrot, député : Discours sur les devoirs du citoyen.

Dumoutier, docteur médecin, conseiller municipal d'Aire : A la presse indépendante !

B. Sarrans, rédacteur de la *Semaine* : Réponse.

Boulanger, juge au tribunal civil de Valenciennes, conseiller-général du Nord : A M. Piéron, député de l'arrondissement de Saint-Pol !

Piéron, député : Réponse.

Corne, ancien député du Nord : Au progrès des mœurs politiques, aux électeurs de Saint-Pol !

Lambert, conseiller municipal de Saint-Pol : Réponse.

David (d'Angers), membre de l'Institut : A l'entière indépendance des arts !

Labelonye, membre délégué du Comité central de Paris : Réponse au toste porté à ce comité.

Chabet, avocat : A M. Bartier, propriétaire du château d'Annezin (où a eu lieu le banquet) !

Bartier : Réponse.

VALENCE (Drôme), 14 novembre. Président, M. LÉO DE SIEYÈS, député.

MM. *Leo de Sieyès*, président : A la Réforme électorale et parlementaire !

Boveron-Desplaces, avocat : A la souveraineté du peuple !

Repellin, avocat, rédacteur du *Patriote des Alpes* : Au peuple !

Rittiez, rédacteur en chef du *Censeur de Lyon* : A l'union des Réformistes !

Coste, conseiller municipal du Bourg-Péage : A l'union des honnêtes gens contre les ennemis de l'intérieur !

Curnier, avocat : A l'organisation du travail !

Amédée de Sieyès : A l'amélioration de notre situation politique !

Mathieu, rédacteur du *Solitaire* de Romans : A la liberté !

ALBY (Tarn), 20 novembre. Président, M. ...

MM. *Bancarel* : A la souveraineté du peuple !

Clarence, avocat : A la Réforme électorale et parlementaire !

Pagès (de l'Ariége), député de Toulouse : Au triomphe des principes qui ont amené 1789 et 1830 !

Victor Doat, secrétaire du comité : Aux députés réformistes !

Janot, rédacteur en chef de l'*Emancipation* : A la liberté de la presse !

Maurice Dupuy : A l'amélioration du sort des classes laborieuses !

Blanquel : Au président du banquet et aux réformistes d'Alby !

COMPIÈGNE, 21 novembre. Président, M. BARILLON, ancien député.

MM. *Barillon*, président : Au roi ! Aux institutions constitutionnelles !

Donatien Marquis, député de l'Oise : Réponse.

Girard de Blincourt : Au conseil général de l'Oise qui a formulé un vœu pour la Réforme électorale !

Leroux, conseiller-général : Réponse.

Letondu-Dumay, ancien notaire : A l'union des honnêtes gens de toutes les opinions !

De Beaumont, député de la Somme : A l'agriculture !

Flye, conseiller-général de la Somme : A l'amélioration du sort de la population laborieuse, à la Réforme charitable !

Crémieux, député d'Indre-et-Loire : A la Réforme électorale et parlementaire !

Le président du comité d'organisation : Aux invités !

Odilon Barrot : Réponse et toste A la franchise, à la vérité politique !

DIJON, 21 novembre. Président, M. HERNOUX, ancien député, conseiller municipal.

MM. *Lignard* : Aux démocrates de Lille !
Marlet : A la réalisation des principes démocratiques !
Quillot : A la jeunesse démocrate !
Flassières : Au courage civique !
J. Carion : Au journal la *Réforme !*
J. Demontry : A la démocratie, à la vérité de son principe !
Étienne Arago : Aux beaux-arts et à la littérature du peuple !
Baune : A la Suisse démocratique, à son indépendance !
Louis Blanc : A l'avenir de la France !
Flocon : Aux démocrates de Lille et aux démocraties étrangères !
Ledru-Rollin, député : A la souveraineté du peuple !
Grandmesnil : Aux démocrates de Dijon, aux organisateurs du banquet réformiste !
Noël : Aux membres du Comité et aux invités de Paris !
Morel : Au peuple !

MONTARGIS, 22 novembre. Président, le général O'CONNOR.

MM. Rondeau, vice-présideut : Au roi constitutionnel des Français !
Cormenin fils : A la jeunesse française !
Danicourt, rédacteur en chef du *Journal du Loiret* : A la liberté de la Presse !
V. Considérant, rédacteur en chef de la *Démocratie pacifique*, conseiller général de la Seine : Discours sur la corruption politique.
Barthélemy Gager : A la réalisation de la fraternité !
Souesme : Aux invités ! aux rédacteurs du *Journal du Loiret* et de la *Démocratie pacifique*.
V. Considérant : Réponse.

LYON, 23 novembre. Président, M. ALCOCK, président de la Cour royale de Lyon, ancien député.

MM. Alcock, président : A la Réforme électorale et parlementaire pour forcer le pouvoir par les moyens légaux et constitutionnels, d'entrer dans la vérité et les conditions du gouvernement représentatif !
Chipier, négociant : A la souveraineté nationale !

Le docteur *Lortet* : A la réforme de l'instruction publique!

Bergier, conseiller municipal de Lyon : Au comité central de Paris; aux députés de l'Opposition!

Marion, député de l'Isère : Aux électeurs lyonnais!

Tranchant, président du tribunal civil de Bourgoin : Au réveil politique de Lyon!

Riltiez, rédacteur en chef du *Censeur* : A la prompte réalisation de la Réforme électorale et parlementaire!

Kauffmann, rédacteur du *Censeur* : A la conquête des droits électoraux!

Morellet, avocat : Au progrès pacifique et à l'application sérieuse dans nos lois et dans nos institutions des principes de justice absolue et de solidarité :

Larat : A l'Italie!

Le docteur *Ph. Faure* : A la Suisse libérale, au triomphe de ses armes!

Ed Degeorge : A la Pologne!

Le docteur *Ordinaire*, rédacteur de la *Mouche de Mâcon* : Au chef des doctrinaires!

Lardière, avocat : A la jeune armée!

A. Morlon, négociant : A l'organisation du travail!

EPINAL, 25 novembre. Président, M. BOULAY (de la Meurthe), député des Vosges.

MM. *Boulay* (de la Meurthe) : A la Réforme électorale!

Doublat, député des Vosges : A la révolution de juillet ; à la pureté et à la sincérité de ses institutions, et à toutes ses légitimes conséquences !

Le docteur *Turk* : A la souveraineté nationale ; à l'égalité devant la loi !

Habert, avocat : A la probité politique !

Deblaye, commandant de la garde nationale : A l'indépendance et à l'émancipation des peuples !

Najean, avocat : Au rétablissement de l'influence et de la dignité nationale à l'intérieur !

Magnien, notaire : Aux classes ouvrières et à leur émancipation prochaine !

Grandjean, notaire : Au conseil général des Vosges !

Marchal : Aux députés indépendans des Vosges !

Lhuillier : A Pie IX ; au régénérateur de l'Italie !

CONDOM (Gers), 28 novembre. Président, M. GAVARRET, député démissionnaire, conseiller général.

MM. *Gavarret*. président : Allocution.

Pagès (de l'Ariége), député de Toulouse : A la Réforme électorale et parlementaire !

Grisony : A l'art. 1er de la Charte !

Carbonneau : A la probité politique!
Le colonel *Mahé*: A l'honneur national!
Jules de Mainvieille: A l'union de toutes les opinions indépendantes sur le terrain national de la Réforme!
Lamarque: Aux classes laborieuses!
Ed. Duputz; A Pie IX!
Gounod: Au dévoûment politique!
Cazeneuve: A la souveraineté nationale!

SAINT-GERMAIN-EN-LAYE (Seine-et-Oise), 28 novembre. Président, **M. ODILON BARROT**, député.

MM. *Odilon-Barrot* : Allocution sur le but et le caractère du banquet.
Crémieux, député : A la souveraineté nationale et aux institutions de juillet!
René Dubail, membre du comité central de Paris : A la probité, à la constance, au dévoûment politiques!
Perrache, ancien maire de Saint-Germain : A la Réforme électorale et parlementaire!
F. de Lasteyrie, député de Saint-Denis (Seine) : A la propagation des idées françaises de 1789 et de 1830 !
Mayer d'Almbert, secrétaire du comité électoral de Saint-Germain : Au comité central de Paris !
De Lasteyrie père, président du comité central : Aux électeurs de l'Opposition de l'arrondissement de Saint-Germain!

Garnon, député de Sceaux (Seine) : A la prospérité de l'agriculture!

Alexandre Dumas : A la presse (par une lettre d'adhésion et d'excuse)!

Maresty : Aux députés de l'Opposition, à M. Odilon Barrot!

Odilon Barrot : Réponse et toste A nos glorieux prédécesseurs de 1789!

AMIENS (Somme), 5 décembre. Président,
M. ODILON BARROT.

MM. OdilonBarrot, président : Allocution sur le caractère constitutionnel du banquet.

Creton, député d'Amiens : Au roi des Français, aux institutions de 1830 et à la souveraineté nationale!

Gaulthier de Rumilly, député : A la sincérité du gouvernement représentatif et au progrès des mœurs publiques!

F. Degeorge : A un meilleur emploi de la fortune publique!

De Beaumont, député de la Somme : A la garde nationale!

Donatien Marquis, député de l'Oise : Au commerce et à l'agriculture!

Petit : A la presse!

Dehesdin : A l'amélioration du sort des classes ouvrières!

Leroy d'Etioles, délégué du Comité central de Paris : A l'union des Oppositions!

Mollet : A la prospérité du commerce d'Amiens!

Jolibois : A la probité politique!
Odilon Barrot : A la Réforme électorale et parlementaire!

CASTRES (Tarn), 5 décembre. Président, M. DE MALLEVILLE, vice-président de la Chambre des députés.

MM. *de Malleville*, président : A la Réforme électorale et parlementaire!
Guibal, négociant, conseiller municipal : A l'amélioration du sort des classes laborieuses, par l'organisation du travail!
Camille Dugrès, propriétaire : Au réveil de la conscience publique!
Besse : A l'éducation nationale!
Hilaire, bâtonnier des avocats, conseiller municipal : Au civisme!
Pagès, député de la Haute-Garonne : A la liberté de la presse!
Barthez, conseiller municipal : Au progrès de l'Opposition constitutionnelle!
Combes : A l'Italie!
Ducros, conseiller municipal : Aux députés présens au banquet!
Ch. d'Aragon, député du Tarn : A la probité politique!

CHATEAUDUN (Eure-et-Loir), 5 décembre. Président, M. RAIMBAULT, député de l'arrondissement.

MM. *Raimbault*, député : A la Réforme électorale et parlementaire !

Lefebvre, avocat : Aux députés de l'Opposition !

Lemuy, ancien avoué : Aux principes de 1789 et de 1830, et au Comité central des électeurs de la Seine !

Renaud, délégué de ce Comité : Réponse.

Lolems, ancien juge de paix : A la pureté des institutions constitutionnelles !

Isambert-Péan, négociant : A l'extension du droit d'élection et à la minorité d'Eure-et-Loir !

Barthélemy, conseiller général : A l'arron-de Châteaudun !

Selléque, rédacteur du *Glaneur* : A l'union des patriotes d'Eure-et-Loir !

Lemay-Chantard, maire adjoint ; A la garde nationale !

Le docteur *Ropton* : A la souveraineté nationale !

Piche, rédacteur de *l'Impartial de Vendôme* : A la sincérité du gouvernement représentatif!

Moissart : A la réalisation des promesses de 1830 !

Isambert, député, conseiller à la Cour de cassation : A la Suisse libérale !

MONTPELLIER, 5 décembre. Président, M. CHARAMAULE, ancien député.

MM. *Gilles*, conseiller à la Cour royale, vice-président : Au principe inaltérable du gouvernement représentatif, au vote consciencieux et pur de toute subornation!

Allemand : A la jeunesse des Ecoles!

Laissac, avocat : A la France, à sa nationalité!

Anterrieu : A la Pologne!

Teulon, député du Gard, conseiller à la Cour royale de Nîmes : A la mémoire des fondateurs de la liberté!

Brives, conseiller municipal : A la mémoire de Cambon, notre compatriote!

Oscar Gervais : Au peuple!

Jules Renouvier, conseiller municipal : A l'accord des Réformistes! Au progrès dans les Réformes!

Garnier-Pagès, député de l'Eure : Discours sur l'union des radicaux avec l'Opposition de gauche et du centre gauche.

Charamaule, président : A la Réforme électorale!

ROCHECHOUART (Haute-Vienne), 6 décembre. Président, M. MAURAT-BALLANGE, député de Bellac.

MM. *Cadet-Boisse*, conseiller général : Aux députés réformistes!

Maurat-Ballange, député : A la Réforme électorale et parlementaire !

Desbregères : A la souveraineté nationale !

D'Assailli : A la dignité du gouvernement au dedans et au dehors !

Trichon aîné, avocat : A la probité politique!

Le docteur *Roche* : Aux travailleurs !

Poquillon : A l'indépendance des électeurs et des députés !

De la Guironnière, rédacteur en chef de l'*Avenir National* : A l'union des partis !

Babaud-Larivière : A la presse indépendante!

Desarbes, avocat : Au développement de la vie politique !

De Brie : A Pie IX!

Raybaud, négociant, capitaine de la garde nationale à Limoges : A la résurrection de la Pologne !

Alfred de la Guironnière : A la fraternité des peuples.

Frichon : A M. Maurat-Ballange !

ARRAS (Pas-de-Calais), 7 décembre. Président, M. ODILON BARROT.

MM. Répécaud, colonel du génie : A la souveraineté nationale ! A la réalité du gouvernement représentatif fondé en 1830 !

Rigley, ancien juge au tribunal de commerce de la Seine, délégué du comité central de Paris : A la Réforme électorale et parlementaire !

D'Havrincourt, conseiller général : Aux vrais principes conservateurs !

Corne, ancien député, président du tribunal civil de Douai : A l'indépendance des électeurs ! à la presse !

Leleu, rédacteur en chef de l'*Echo du Nord* : Réponse.

Jules Piéron, fabricant de sucre : A l'agriculture et à la diminution des impôts et des charges qui ralentissent ses progrès !

De Beaumont, député de la Somme : Réponse.

Feytaud, rédacteur en chef du *Courrier du Nord* : Aux classes laborieuses !

Lantoine-Harduin, conseiller général : A l'éducation politique des citoyens !

Demarne, rédacteur en chef de la *Feuille de Douai* : A l'égalité politique !

Lenglet, conseiller à la cour royale de Douai : Au règne de la justice et de la vérité !

Boulanger, juge au tribunal civil, conseiller général du Nord : A la garde nationale !

F. Degeorge, président du Comité de la presse départementale : Réponse.

Billet, avocat, conseiller général : A Odilon Barrot !

Odilon Barrot : Réponse et discours.

LE NEUBOURG, 12 décembre. Président, M. DUPONT (de l'Eure), député.

MM. Dupont (de l'Eure) : Allocution

Picard, conseiller municipal d'Evreux : A

la Réforme électorale ! à Dupont (de l'Eure) !

Legendre, ancien député : A la renaissance de l'esprit public parmi les électeurs !

Charlemaine : A l'industrie agricole et manufacturière !

Meunier : A l'instruction primaire !

Pagnerre, secrétaire du Comité central des électeurs de l'Opposition de la Seine : A l'union réformiste.

Davy, avocat : Au Comité central des électeurs de la Seine ! à la presse indépendante ! aux députés de l'Opposition !

Vitcoq, délégué du Comité central : Réponse.

Sarrans jeune : Sur la liberté de la presse.

Garnier-Pagès : A la souveraineté nationale !

SAINTES, 12 décembre. Président, M. CRÉMIEUX, député d'Indre-et-Loire.

MM. Abel Mosnier, président du tribunal de commerce de Saint-Jean-d'Angély : Au patriotisme électoral !

Emile Labretonnière, conseiller municipal de la Rochelle : A l'unité départementale !

Brard, docteur-médecin : A la probité politique ; à la pureté, à la sincérité des élections !

Vallein, conseiller municipal à Saintes, rédacteur de l'*Union* : A un meilleur emploi de la fortune publique !

Gaudin, rédacteur de l'*Union* : Au courage civil.

Drault, député de la Haute-Vienne : A la dignité dans le pouvoir !

Hamelin, délégué du Comité central de Paris : A la réunion de toutes les Oppositions !

Saint-Marsault : A l'agriculture !

Renou de Ballon, ancien député : A la France !

Jobit, avocat : A l'amélioration du sort des ouvriers !

Crémieux, député : A la Réforme électorale et parlementaire !

Descombes, président du tribunal de commerce de Saintes : A M. Crémieux !

Crémieux : Réponse.

SAINT-DENIS (Seine), 14 décembre. Président, M. FERD. DE LASTEYRIE, député.

MM. *Ferd. de Lasteyrie* : A la souveraineté nationale !

Marie, député de la Seine : A la Réforme électorale et parlementaire !

Lherbette, député de l'Aisne : A la probité politique !

Vavin, député de la Seine : A l'affranchissement des peuples et aux martyrs de la liberté !

Véron, ancien maire de Montmartre, président de la commission du banquet : A nos bons et loyaux députés de l'Opposition!

Bethmont, député de la Charente : Réponse.

Simonet, vice-président du banquet : Au conseil général de la Seine!

F. Ferron, membre du conseil général de la Seine: Réponse.

Desmarest, avocat: Aux ouvriers!

Buisson: A la Presse indépendante!

Lavaud : Au Comité central de l'Opposition!

Recurt, vice-président du Comité : Réponse.

Odilon Barrot : Discours sur la Réforme.

CHALON-SUR-SAONE, 19 décembre. Président, M. MATHEY, député.

MM. *Mathey*, président : Allocution.

Thevenin : A la Presse!

Bouché : A la Réforme!

Forest : A l'émancipation des classes laborieuses par le travail!

F. Gindries : A la liberté, à l'égalité, à la fraternité!

Ordinaire, rédacteur de *la Mouche* de Mâcon : Aux cités progressistes!

Philippe Druard : A l'union, à la fraternité de la jeunesse démocratique!

Baune : A la presse démocratique de Paris et des départemens!

Marc Caussidière : Réponse.

Noël : A l'union des patriotes de Dijon et de Châlon!

Flocon, rédacteur en chef de la *Réforme* : Aux droits de l'homme et du citoyen!

Sommier : A la probité politique!

Ledru-Rollin : A l'unité de la Révolution française! à l'indivisibilité de la Constituante, de la Législative et de la Convention!

VIENNE (Isère), 21 décembre. Président, M. JACQUIER DE TERREBASSE, ancien député.

Allocution du président.

MM. Tranchant, président du tribunal civil de Bourgoin, membre du conseil général de l'Isère : A la franche et complète manifestation de l'opinion du pays!

V. Faugier, membre du conseil général de l'Isère : Aux députés de l'Opposition réformiste!

Ponsard, homme de lettres : A la Révolution française!

Lortet, médecin : A l'alliance des Réformistes dauphinois et des Réformistes lyonnais!

H. Fleury : A la sincérité, à la vérité des institutions représentatives! à la probité gouvernementale!

Kaufmann, rédacteur du *Censeur de Lyon* : A la dignité de la France!

Couturier, médecin : A l'union des Réformistes et des Socialistes!

Un membre du conseil municipal de Vienne : A la fierté nationale !

Feyat, président du conseil des prud'hommes : A l'amélioration du sort des ouvriers !

Bonjat, avocat, conseiller municipal : A la régénération du sentiment philosophique, humanitaire et civilisateur qui inspira les principes proclamés en 1789 !

ROMANS (Drôme), 25 décembre. Président, M. DU BOUCHAGE, député de l'Isère.

Limoges....
Maubeuge....
Pas de renseignemens.

GRENOBLE, 25 décembre. Président, M. THÉVENOT.

MM. *Thevenot*, président : A la régénération de l'esprit public!

Royer, député de l'Isère : A la Réforme électorale et parlementaire!

Crozet : Même toste.

Repellin : Au développement par la Réforme politique des intérêts moraux et matériels du pays!

B. Nicollet, ouvrier compositeur d'imprimerie : A la fraternité!

Rey : A l'organisation du travail!

Le général Leydet, ancien député : Au courage civil !

Sestier, avocat, conseiller général de l'Isère : Aux députés indépendans!

Royer, député de l'Isère : Réponse.

St-Romme, conseiller général : A la moralité politique !

Farconnet, avocat, conseiller municipal : Aux nations amies ! spécialement à la Pologne, à la Suisse, à l'Italie !

Clément, ancien procureur du roi : Au triomphe des principes de 1789 et de 1830 !

Viallet, notaire : A l'émancipation des travailleurs !

Ladichère : A M. Royer, député.

Royer, député : Au président et aux commissaires du banquet !

ROUEN, 25 décembre. Président, **M. SENARD**, bâtonnier de l'ordre des avocats, président du comité agricole de Rouen.

MM. *Senard :* A la souveraineté nationale et aux institutions fondées en juillet 1830 !

Desjobert, député de la Seine-Inférieure : A la Réforme électorale et parlementaire!

Duvergier de Hauranne, député du Cher : Réponse.

Desseaux, conseiller municipal : A la Réforme financière, à l'économie et au bon emploi des deniers publics!

Lefort-Gonssolin, député de Rouen : Réponse.

Drouyn de l'Huys, député de Seine-et-Marne : Au commerce et à l'industrie!

Ch. Levavasseur, député de Rouen : Réponse.
Justin, conseiller à la Cour royale : Aux classes pauvres et laborieuses ! aux institutions qui doivent leur faire obtenir l'éducation, le bien-être et les droits dont elles sont privées !
Bethmont, député de la Charente : Réponse.
Visinet : A l'alliance des peuples !
Crémieux, député d'Indre-et-Loire : Réponse.
Gustave de Beaumont, député de la Sarthe : A la presse indépendante !
Cazavan, rédacteur en chef du *Journal de Rouen* : Réponse.
Germonière, conseiller municipal : Au Comité central de Paris ; aux députés réformistes !
Foy, délégué du Comité : Réponse.
Odilon Barrot, député de l'Aisne : Réponse.

TOULOUSE, 9 janvier 1848. Président, M. JOLY, ancien député.

MM. *Lucet*, avocat : A la souveraineté du peuple !
Bauguel : A la presse et au jury !
Bonnal, ex-architecte en chef de Toulouse : A l'organisation du travail par l'association !
Roquelaine, conseiller municipal : Aux libertés communales !
Chabrier, au nom de M. Detours, avocat :

Au nouveau développement de la vie politique !

Isidore Janot, rédacteur en chef de l'*Émancipation :* A l'humanité !

Pagès, député de la Haute-Garonne : A Toulouse!

Joly : A l'indépendance nationale ! Aux peuples combattant pour leurs libertés!

CAMBRAI, 9 janvier 1848.

MM. *Lenglet*, maire : A la Réforme électorale et parlementaire comme moyen d'obtenir les conséquences de la révolution de juillet !

Choque, ancien député de Douai : A la probité politique !

Billet, conseiller général : A la liberté dans les élections!

Lemaire, maire de Saint-Quentin : A l'union de Saint-Quentin et de Cambrai !

Lancelle, avocat : A la presse indépendante!

Degeorge, rédacteur en chef du *Progrès du Pas-de-Calais* : Réponse.

Lefebvre : A la persévérance politique !

Mouton, conseiller général : Au Comité central de l'Opposition!

Saint-Amans, délégué de ce Comité : Réponse.

Corne, ancien député : Aux sentimens généreux !

Huré, bâtonnier de l'ordre des avocats de Douai : Aux Réformistes de Cambrai

Note C.

Au moment où nous écrivons, M. le ministre de l'intérieur déclare à la Chambre des pairs (séance du 18 janvier 1848) qu'il se croit le droit, en vertu de la loi du 24 août 1790, d'interdire ou de tolérer à son gré les réunions politiques, et qu'en conséquence il vient d'interdire un banquet qui devait avoir lieu dans le 12e arrondissement de Paris. Ce n'est pas ici le lieu de discuter judiciairement cette prétention. Elle le sera ailleurs et au besoin devant la Cour de cassation. L'agitation réformiste n'est pas un fantôme sur lequel il suffise de souffler pour qu'il s'évanouisse. Elle résistera par toutes les voies légales, et ne reculera pas au premier choc devant l'arbitraire ministériel. Constatons seulement que les commissaires du banquet l'ayant spontanément ajourné avant l'envoi du firman de M. Duchâtel, ne lui ont nullement reconnu, pas même en fait, le droit qu'il s'arroge. Rappelons qu'il a laissé passer, sans user de ce prétendu droit, plus de cinquante banquets, dont quelques uns pourtant auraient pu l'autoriser à s'en servir, pour peu qu'il en eût été le maître. Enfin, ajoutons que dans la célèbre discussion de la loi du 10 avril 1834 contre les associations non autorisées, le garde des sceaux, M. Persil; le rapporteur à la

Chambre des députés, M. Martin (du Nord); le président de cette Chambre, M. Dupin aîné; le rapporteur à la Chambre des pairs, M. Girod (de l'Ain), ont déclaré en propres termes que cette loi, non plus que l'article 291 du Code pénal, relatif aux associations, ne s'appliquait aux simples réunions, celles-ci n'ayant pas besoin d'être autorisées. M. Duchâtel en décide autrement. C'est un abus de la force qu'il se permet par abus de la majorité. Nous verrons si les tribunaux admettront cette étrange interprétation des lois.

Nous croyons être sûrs que M. Guizot ne l'admet pas, car il disait, le 27 septembre 1830, étant ministre de l'intérieur, et parlant à la Chambre des des députés : « Les citoyens ont le droit de se » *réunir* pour causer entre eux des affaires pu- » bliques; il est bon qu'ils le fassent, et *jamais je* » *ne contesterai ce droit;* jamais je n'essaierai » d'atténuer les sentimens généreux qui poussent » les citoyens à se réunir, à se communiquer leurs » sympathiques opinions. » M. Guizot est aujourd'hui président du conseil; aurait-il changé d'avis, ou M. Duchâtel serait-il réellement le chef du ministère?